Cómo alcanzar la felicidad

A pesar de haber puesto el máximo cuidado en la redacción de esta obra, el autor o el editor no pueden en modo alguno responsabilizarse por las informaciones (fórmulas, recetas, técnicas, etc.) vertidas en el texto. Se aconseja, en el caso de problemas específicos —a menudo únicos— de cada lector en particular, que se consulte con una persona cualificada para obtener las informaciones más completas, más exactas y lo más actualizadas posible. EDITORIAL DE VECCHI, S. A. U.

© De Vecchi Ediciones 2022
© [2022] Confidential Concepts International Ltd., Ireland
Subsidiary company of Confidential Concepts Inc, USA
ISBN: 978-1-63919-454-4

Luigi Ranieri - Luigi Alfonso

CÓMO ALCANZAR
LA FELICIDAD

De Vecchi

DVE Ediciones

ÍNDICE

INTRODUCCIÓN

Este trabajo se aleja de forma voluntaria de la estructura habitual de un libro, si bien se organiza de manera similar: demostración de una tesis —que en este caso es la conquista de la felicidad—, indicación de las premisas, definición de las etapas intermedias y uso oportuno y progresivo de los ejercicios. Se ha querido dar importancia a todo aquello que tiene que ver con las vivencias personales, obteniendo casi una crónica de los sucesos a través de los que algunas personas han aprendido, aplicado y vivido una serie de técnicas meditativas.

Se han recogido siete conferencias sobre el tema «Meditación y felicidad», en las que los participantes han intervenido siempre, llegando a formar un grupo compacto.

El conferenciante e instructor había sido profesor de filosofía durante muchos años, pero una crisis existencial le llevó a cambiar su vida. Es el primero que se implica en el proyecto, hablando de sí mismo, como podremos ver en el prólogo. Le daremos el nombre de Stefano y será el guía de este libro. La duración de este viaje imaginario va del equinoccio de otoño al solsticio de invierno, y se desarrolla en un círculo que llamaremos Cenáculo. Conviene precisar que aquí el concepto de conferencia es ligeramente distinto al de los típicos debates o presentaciones. En nuestro caso se refiere al primer significado de «encuentro», que deriva del latín *conferre* (sinónimo de *collatio*) y que significa «llevar con».

Por esta razón, no puede hablarse de simples oyentes, sino de participantes que trabajan juntos y utilizan la energía y el apoyo de sus compañeros. Sin embargo, cada uno permanece solo, como el lector. Por esta razón, al final de cada conferencia se presenta un ejercicio que hay que seguir de forma individual y que se repetirá varias veces, con un sentido ritual, para encontrar así el ritmo y la memorización que permitan convertirlo en un hábito.

Para poner un ejemplo, podemos pensar en la relajación que se extiende desde el cuero cabelludo hasta los dedos de los pies; pues bien, al cabo de cierto número de repeticiones bastará decir «relajo mi cuerpo, mi cuerpo está relajado», para obtener en un tiempo muy breve el resultado completo. Esto es válido para todo lo que se realiza con la mente, sea cual sea la ocasión.

Cada uno puede organizar su propio viaje realizando los ejercicios con el fin de alcanzar cada vez todas las etapas intermedias. A medida que se vayan conociendo y practicando los ejercicios, se podrá ir avanzando, hasta llegar a la meta definitiva: la felicidad.

En la lectura de las conferencias debe prestarse una atención especial a lo que hacen los demás, a sus experiencias.

Sin embargo, cabe tener presente que es muy difícil compararlas a causa de lo diferentes que son las personas; quizá por esta razón debe ser motivo de una particular observación objetiva.

PRÓLOGO

«He sido invitado por la dirección del Cenáculo a impartir una serie de conferencias sobre un tema que pudiera interesar a los socios. Me he informado sobre el tipo de auditorio con el que me encontraría y se me ha dicho que seguramente se trataría de gente de cultura superior a la media, de clase superior a la media, y de mediana edad. He pensado que iría bien un tema como "Meditación y felicidad". El tema fue aceptado e incluido en el programa, no sin cierta perplejidad. El primer encuentro tendría lugar el 24 de septiembre.

He pasado todo el verano pensando en la manera de hacer comprensibles cosas que tan sólo estaban claras en mi mente y en la práctica cotidiana.

Tenía que explicar que la felicidad puede alcanzarse como estado de consciencia, pero que dicho estado presupone al menos *un buen conocimiento de uno mismo* y también *una clara visión de lo que realmente se quiere*. Tenía que hacerles comprender que la meditación es, en este caso, el medio más completo para alcanzarla.

Estas explicaciones requerían una premisa que valiera también como ejemplo. Sucesivamente, durante las conferencias, presentaría otros e incluso un caso real. La premisa, como decía, debería consistir en un ejemplo: el mío. Tenía que hablar de mí, de mi camino, tenía que explicar de qué había partido, adónde había llegado, por qué estaba allí y adónde podía acompañarles. Además, para los participantes sería una buena ocasión para intentar hablar sobre ellos mismos, si fuera necesario.

Esta decisión me llevó a escribir el presente prólogo.

Me llamo Stefano, tengo casi sesenta años y soy un ex profesor de filosofía. Dejé la cátedra cuando mis estudios y mi experiencia me obligaron a elegir. Antes había puesto un gran empeño en volver a ser alumno, en asistir a otras escuelas, en aprender de otros maestros. Después, he pasado un período de aislamiento para perderme y para encontrarme a mí mismo y a mi realidad superior y eterna, durante el cual he cambiado mucho. Por último, he vuelto a ejercer mi magisterio, pero sólo para ayudar a los demás.

Este lenguaje que utilizo puede parecer oscuro y yo, a mi vez, no puedo hacerlo mucho más claro, debido a que se trata de una experiencia, y es de todos conocido que esta, en cuanto tal, no puede ser comunicada a los demás en su integridad. Por poner un ejemplo, podemos imaginar a alguien intentando describir el sabor de las fresas a otra persona que no las ha visto ni probado nunca. A pesar de ello, intentaré decir algo más sobre determinadas ideas como:
— volver a ser alumno;
— abandonar la cátedra;
— acudir a otras escuelas y a otros maestros;
— el aislamiento;
— el magisterio como servicio.

Siempre serán difíciles de explicar con palabras que serán interpretadas yendo más allá de su significado aparente. Son pensamientos dirigidos a quien desea realmente iniciarse en este tipo de experiencias, pero inútiles para quien se contente con tener un conocimiento sólo intelectual. Se dirigen a quien quiera saber, no a quien quiera conocer. La diferencia sustancial entre estos dos términos se examinará a continuación.

Las palabras con las que intentaré explicarme no deberán entenderse deteniéndose en su sentido. Quien desee saber sentirá la vibración y la invitación a conducir su propia mente en otras direcciones; será la misma persona la que saldrá de las dificultades y no tendrá ningunas ganas de comprender —en el sentido de tomar dentro de sí— las palabras, porque ella misma será empujada por el deseo de experimentar directamente, en su propia piel.»

Volver a ser alumno

«Tantos años de estudio de las filosofías orientales y de las doctrinas esotéricas me habían permitido comprender la importancia de volver a ser alumno. Era necesario reconquistar el máximo de pureza, de humildad y de deseo de aprender cosas nuevas, aun existiendo el peligro de perderlo todo. Voluntariamente, en principio, evité tanto dirigirme a otras escuelas como buscarme un maestro. Más bien insistí en la introspección para hacer emerger de mi interior al discípulo de corazón puro.

Siempre tengo presente la célebre frase de la *Baghavad Gita*: "Cuando el discípulo está preparado, el maestro aparece" y por ello continué buscando con voluntad y constancia, construyendo lentamente mi silenciosa preparación. Y fue en ese momento cuando empecé a tener los primeros contactos con la meditación, a descubrirla y a conseguir los primeros resultados. Una auténtica revelación sobre este excepcional instrumento llegaría más tarde, en un momento realmente difícil.

Estos primeros contactos ya me permitieron descubrir la multiplicidad de mi propio yo. Un descubrimiento importante y completo que tendré ocasión de explicar con más detalle. Por ahora, puedo decir que no resulta fácil descubrir las distintas facetas de cada uno, ni tampoco separarlas, y mucho menos llegar a la parte única, pura, humilde y dispuesta para ser modelada. No es fácil, repito, pero es posible, lo afirmo con absoluta certeza. Esta posibilidad es ofrecida a cada ser humano, independientemente de su sexo, cultura o condición social. Pero eso sí, sólo cada cual puede decidir si quiere realizarla o no.»

El abandono de la cátedra

«No fue fruto de una decisión irreflexiva, sino la consecuencia de una crisis. En general, en mi vida cada siete años aparece una crisis, un cambio, la sensación de que se está concluyendo definitivamente una parte de mi existencia.

Sin embargo, esta vez se perfilaba más compleja de lo acostumbrado.

Mi intento de querer ser cada vez más receptivo, de convertirme en un buen alumno, me ponía, entre otras cosas, más que nunca de parte de los estudiantes. Me observaba.

De esta forma, noté que mi profesión se estaba vaciando de sentido y demasiado a menudo no hacía nada más que repetir pensamientos que no eran míos.

En esos momentos crecía la distancia que me separaba de los demás.

Explicaba, preguntaba, expresaba valoraciones de forma cada vez más automática, sin satisfacción.

Yo también deseaba con impaciencia que se acabara la hora de clase. Pero lo más importante era la plena consciencia que tenía de este sentimiento, era como si otro estuviera impartiéndola. Me dedicaba a observarme y cada vez estaba más convencido de que el interés y el sentido que creía haber dado a mi vida continuaban disminuyendo.

Entonces me encontré ante un dilema: ahuyentar las dudas y las sensaciones negativas, para volver a tomar una actitud que me ayudara a vivir, repitiéndome a mí mismo que la vida no se puede cambiar, o bien avanzar y profundizar en la crisis hasta sus últimas consecuencias. Tomé la decisión de trazar una clara línea de separación entre lo que debía y lo que quería hacer. Elegí cambiar la orientación de mi existencia. Entre tanto, empezaba a dar resultados ese diálogo interior que había iniciado casi por curiosidad.»

Otras escuelas, otros maestros

«Cuando en mi interior empezó a manifestarse el espíritu del alumno, también sentí la necesidad de buscar escuelas. En primer lugar, me interesé por aquellas que se inspiran en la tradición oriental y que conocemos con los nombres de yoga o zen. Me empujaba hacia ellas una atracción que se había forjado en el tiempo, a través de un antiguo interés por las religiones de la India, China y Japón. Se trata de una fascinación que no puede explicarse en términos racionales, pero que desde siempre ha contagiado a muchísimas personas. Más tarde, me interesé por teorías más cercanas a nuestra civilización mediterránea.

Me acerqué a las escuelas esotéricas que inspiraron a los egipcios, a Pitágoras, a los gnósticos, a los cabalistas, a los rosacruces, a las órdenes iluministas, etc.

Por último, concluí esta larga investigación profundizando en el conocimiento de las nuevas fronteras de la psicología humanística, de la psicosíntesis, de las dinámicas mentales y también de la Escuela Arcana para la Nueva Era.

Cada vez me sometí a todas las reglas, pruebas y experiencias prescritas para ser aceptado.

Los fundadores del Zen: el Buda histórico, Dogen-Zenji (a la derecha) y Keizan-Zenji (a la izquierda)

Cada vez, y como novicio, seguí al respectivo maestro encargado de acompañarme y después abandonarme cuando se hacía posible que yo siguiera por mi cuenta. He gozado de la gran fortuna de encontrar a un maestro particular, que más tarde volví a encontrar en otros momentos. Quizá fuera casualidad o quizá fuera una señal. De él recibí mucho y sus enseñanzas aún están vivas. Fue él quien me dejó cuando intuyó que estaba cerca otro maestro, el definitivo, el interior. Se me hace extremadamente difícil encontrar las palabras adecuadas para explicar este último encuentro o para dar simplemente una indicación. Con este bagaje, con la experiencia de estos distintos caminos y con un maestro invisible, me encontré por fin solo. Sin esperarlo, y a una velocidad sorprendente, cambiaba mi visión de la realidad. Me esperaba una nueva y decisiva prueba: el desierto.»

El aislamiento

«Sabía que muchos investigadores al llegar a un cierto punto de su camino tuvieron que vivir la experiencia del aislamiento. En cierto sentido, estaba preparado para ello. Quizá me esperaba una reacción distinta, un tipo de sufrimiento diferente. A veces, sucede que amigos, conocidos, o incluso el mismo estilo de vida se vuelven extraños y se alejan cada vez más de lo que uno desea. Se empieza albergando un sentimiento de soledad, pero enseguida uno se encuentra completamente aislado. Ahora, alrededor sólo hay desierto, ya sea simbólico, ya sea real.

Pero además de la desaparición de los otros y del diálogo, también cambian de valor los conocimientos, el estudio y los intereses. También surge la desazón de la persona que está perdiendo sus propias conquistas, relaciones y convicciones. Hay que volver a elegir: permanecer unido a las más inmediatas razones de existencia o dejar que a tu alrededor sólo haya un desierto. En un primer momento, sufrí mucho, viví con mucha ansiedad este período tan particular. Más tarde, decidí proseguir y he bebido hasta el fondo de tan amargo cáliz.

Permanecí durante mucho tiempo solo, aislado y con un progresivo y horroroso desinterés por todo. Incluso llegué a temer que mi vida perdiera sentido. Proseguí en mi análisis hasta el fondo y al final, realmente al final, me di cuenta de que sólo me quedaba la respiración. Esta función, por lo general instintiva, era lo único que poseía, pero me unía a algo más que no conseguía definir con claridad. Llegado a este punto descubrí o, mejor dicho, fui consciente, de la antigua técnica meditativa. Me concentré sólo y únicamente en la respiración y comprendí qué era y cómo podía ayudarme la meditación. De hecho, reconstruí lentamente todo lo que había perdido. Mi bagaje se recomponía y ya no consistía en conocimiento, sino en saber, porque estaba hecho única y exclusivamente de experiencias. Más adelante tendré ocasión de explicar cómo las experiencias de meditación son, para nuestro cerebro y para nuestra consciencia, idénticas a las vividas comúnmente. Ahora, el desierto, casi por arte de magia, se transformaba poco a poco en un maravilloso jardín. El jardín de la felicidad, la mía. Y yo había regresado, lo sentía cada vez más mío y sentía que no lo volvería a perder.»

El magisterio como servicio

«En este hermoso lugar, ya mío por completo, reexaminé mi existencia y descubrí que el proyecto para el que me había encarnado no me era desconocido.

No era fruto de la casualidad, ni siquiera de la necesidad. Mi destino era realmente mío, porque yo lo había elegido. Expongo a continuación, y de forma breve, mi teoría a pesar de que soy consciente de que no puede ser explicada en pocas palabras. Sin duda, me volveré a referir a ella.

Así pues, descubrí que el fin de mi vida era justamente el trabajo que ya estaba haciendo: la enseñanza. Era evidente que había perseguido dicho objetivo durante tantísimo tiempo sin tener consciencia. Por esta razón, tenía que volver a enseñar, si bien en un plano distinto. Pero ¿dónde y cómo? Me preguntaba incluso si debía abandonar el jardín que acababa de reconquistar. La respuesta era inequívoca: podía dejarlo sin temor, porque este moraba ahora en mi consciencia. Por esa razón, podía volver a la realidad, a aquel mundo que había abandonado y que a su vez me había aislado. Podía ayudar a personas en crisis a buscarse a sí mismas, a conquistar y perder los conocimientos superfluos, a descubrir el desierto, la meditación, el saber y la consciencia. Esta humilde enseñanza, absolutamente desinteresada, tenía que dar un sentido a mi vida, tenía que hacer de mí un maestro que sirviera a los demás, es decir, sin compensación alguna, ni siquiera la esperanza de un posible agradecimiento.

Así me presento, después de estas breves explicaciones. Así seré para aquellos de entre vosotros que manifiesten algún interés por este tipo de experiencias, a las que me he referido vagamente y de las que no dudaré en hablar con mayor precisión. Con los voluntarios interesados recorreré, o mejor volveré a recorrer el sendero, compartiré las experiencias, caminaré junto a ellos hasta el umbral de su jardín personal, para después desaparecer y volver a empezar desde arriba.»

Este fue el discurso de Stefano que tuvo lugar la noche del 24 de septiembre en una pequeña pero acogedora sala del Cenáculo.

Los asistentes eran siete. Lo exiguo del número había creado un cierto embarazo, poco después superado con la invitación de Stefano a sentarse formando un círculo y al afirmar que el trabajo debía realizarse en grupo, razón por la que era más eficaz trabajar con un número reducido.

Los siete —que con Stefano sumaban ocho— escucharon con atención la presentación.

Quizá hubieran deseado hacer preguntas y profundizar en algún punto, pero como siempre sucede, nadie se atrevió a tomar la palabra.

Stefano explicó que el evidente malestar desaparecería cuando el grupo adquiriera consistencia y preguntó si todos estaban de acuerdo en formarlo. La propuesta fue aceptada y todos fueron invitados a una breve relajación, a una tranquila atención concentrada en las dos fases de la respiración, en la percepción de los vecinos, en la focalización sobre un punto central. Tras unos minutos en este estado, cada uno fue invitado a decir su propio nombre, edad, profesión e incluso a expresar brevemente qué esperaba de esta serie de reuniones. Tras un breve silencio, la persona sentada a la izquierda de Stefano empezó a hablar:

«Mi nombre es Aldo, tengo cuarenta y seis años, soy arquitecto, estoy divorciado y vivo solo. Participo en estas conferencias con cierta curiosidad, pero también con notable interés. Creo que aprenderé cosas útiles y bellas... al menos para mí.»

«Me llamo Elena, tengo cuarenta y cuatro años, soy profesora de historia, he militado en partidos políticos y soy agnóstica, aunque con ciertas crisis. Estoy casada con Carlo. Espero que estos encuentros me proporcionen ocasiones de reflexión y también de debate. A ser posible sin discusiones.»

«Soy Carlo, tengo cuarenta y nueve años, soy ingeniero, casado... ya sabéis con quién. Me hubiera gustado estudiar física. Me intereso por la historia de las religiones y por las artes marciales. Creo que estos encuentros darán buenos frutos... y también discusiones con mi esposa.»

«Soy Elisa, tengo treinta y seis años, trabajo en un centro de investigación y soy bióloga. He tenido algunas desilusiones afectivas con las consiguientes reacciones psicológicas. Tras un joven y radical ateísmo, he recuperado mi religiosidad. Me gusta la psicología y el yoga. Creo que el motivo de mi interés es evidente.»

«Me llamo, Giovanni, o mejor Gianni. Tengo cuarenta y cinco años, soy director de una multinacional, estoy casado, si bien con algunas crisis. Mi afición es el deporte, sobre todo el esquí, el tenis y el golf. Estoy aquí por curiosidad, aunque con escepticismo. Creo en el éxito individual y en la eficacia, por ello miro hacia la meditación con cierta perplejidad, incluso con ironía. Tengo un concepto personal de la felicidad que seguramente es distinto del que se ha expuesto. Espero llegar hasta el final. No es culpa mía de que mis intereses sean tan diferentes...»

«Mi nombre es Paula, soy médico y viuda. Tras la pérdida de mi pareja, sólo me he dedicado al trabajo. El título de la conferencia me ha llegado al corazón y sobre todo me interesa mucho ver qué hará el grupo. ¡Ah!, lo olvidaba, tengo cincuenta y dos años.»

«Me llamo Riccardo, estoy jubilado desde hace un año. He decidido dedicarme a lo que quiero y no a lo que debo. Deseo ser protagonista de la construcción de esta segunda parte de mi vida. Tengo cincuenta y seis años. Estoy casado y me gustaría que mi mujer estuviera aquí, pero se ha decidido por un curso de pintura. Por si es de su interés, añadiré que soy optimista, o mejor, que hago todo lo posible por serlo.»

Stefano agradeció la participación de todos y prosiguió con algunas precisiones:

«Alguno de vosotros ha mostrado un cierto interés hacia el grupo y sus posibles resultados. Por ello, os invito a hacer un esfuerzo para entrar en esta entidad. Esta noche tenemos que dar nacimiento a nuestro grupo y en los próximos quince días deberemos contribuir de forma singular a mantenerlo con vida, a hacerlo fuerte, a transformarlo en un auténtico núcleo de energía. Os daré algunas indicaciones sobre ciertos pequeños gestos rituales que hay que realizar cada día. Por rito entiendo la constante repetición de un gesto, de una palabra, de un pensamiento, etcétera. Este pequeño gesto o palabra está relacionado con algún ritmo de la naturaleza. No lo olvidéis: rito y ritmo. Son conceptos muy importantes. Después descubriréis vosotros mismos que el grupo existe, que recibe energía y que también puede distribuirla a quien pudiera necesitarla. No hay nada mágico en ello, simplemente una realidad casi tangible que algunos físicos consiguen explicar. Ahora necesito un minuto de silencio y después del mismo, cada uno de vosotros dirá libremente si quiere hacer esta experiencia y se compromete a respetar las reglas.»

Transcurrieron unos minutos, después de una señal del director cada uno empezó a responder, siguiendo el orden de la primera intervención.

Aldo: «Sí, quiero tener esta experiencia y acepto las reglas».

Elena: «Sí, quiero tener esta experiencia y acepto las reglas».

Carlo: «Sí, quiero y acepto».

Elisa: «Sí, acepto las reglas».

Giovanni: «Lo siento, pero no. Esto no va conmigo. Creo que quizá sería mejor que me fuera ahora mismo».

Dejando bastante sorprendidos a los presentes, se levantó, masculló un saludo y abandonó la sala. Stefano miró a Paola y esta, tras haber recompuesto el círculo, prosiguió decidida: «Acepto las reglas y seguiré».

Riccardo: «Sí, acepto todas las reglas y deseo seguir... Siento que no venga mi mujer...»

Stefano sonrió y, con voz suave, prosiguió:

«Adoptemos una postura cómoda y energética. La columna vertebral recta, la cabeza levemente inclinada hacia delante, los ojos semicerrados y dirigidos hacia un punto central del círculo, hacia el suelo. Hay que prestar atención a la respiración, a sus dos fases: inspiración, espiración. Relajamos la frente, el rostro, la nuca, toda la cabeza. Relajamos los hombros y los brazos hasta las manos y los dedos. Intentamos sentir el flujo energético, cálido, que atraviesa las partes relajadas. Ahora, pasamos a relajar el pecho, la espalda, la cintura, el diafragma interior, el vientre, los glúteos, las piernas y los pies.

A continuación, intentamos sentir el fluido energético que atraviesa todas las partes relajadas hasta casi descargarse en el suelo. Volvemos a centrar la atención en la respiración, en sus dos fases vitales. Después, llevamos las manos al pecho e intentaremos oír el latido del corazón. En cuanto lo percibamos bien, buscaremos las manos de los vecinos y les transmitiremos energía, imaginando que todos nuestros corazones están unidos en un único latido. Imaginemos ahora un punto luminoso situado sobre nuestra cabeza y otro punto central que los una a todos. Un latido único, una luz única.

La tradicional postura de meditación (zazen) en el Zen

En este momento nuestro grupo ha nacido, existe y cada vez se volverá más fuerte si le damos fuerza y energía. Bastará con que nos concentremos cada día un poco y volvamos a ver con el ojo de la mente a este grupo tal como está ahora. Crecerá su potencia, se convertirá en un depósito de energía al que recurriremos siempre y si tenemos necesidad.

Continuamos ahora durante unos minutos en esta posición.

Nos volveremos a ver dentro de quince días. Durante este período, y a ser posible cada día, durante unos minutos, por la mañana o por la noche, unámonos y visualicemos esta posición. De momento, no es necesario más. En el próximo encuentro intercambiaremos pensamientos, preguntas y experiencias. Al final de cada conferencia os entregaré un ejercicio que hay que seguir según un método que también estará indicado.

Ahora cada uno de nosotros, siguiendo su propio ritmo, recuperará la posición anterior. El grupo se disuelve en silencio y nos alejaremos como si ya nos hubiéramos despedido.»

9 DE OCTUBRE
PRIMERA CONFERENCIA

El 9 de octubre por la noche. Tal como se había convenido, el grupo vuelve a encontrarse en la sala del Cenáculo quince días después. Todos están sentados en su lugar, en el mismo orden, con los ojos entrecerrados y las manos unidas, mientras Stefano empieza a hablar:

«Ahora percibimos la fuerte presencia de nuestro grupo.

Un corazón que unifica el latido de todos los corazones, una luz que reúne las luces que brillan sobre la cabeza de cada uno de nosotros. El grupo ahora es más fuerte, más sólido, está más dispuesto a recibir y a crear».

Transcurren otros minutos de silencio, después cada uno adopta la posición que le resulta más natural. Mientras cada uno se prepara para su propia intervención, Stefano comenta:

«Creo que es oportuno dejar las intervenciones para el final, ya que a lo largo de la reunión podrían surgir algunas respuestas a las posibles preguntas que deseáis hacerme.

Sin embargo, podemos detenernos unos instantes para comentar las experiencias que hemos tenido durante estos días. Empezamos, como de costumbre, por Aldo, y pasaremos después a Elena, Carlo, Elisa, Paola y Riccardo».

Aldo: «Me he ejercitado en la visualización del grupo y debo decir que me ha sido más fácil recordar las caras que los nombres. Por otra parte, me ha sido muy difícil practicar cada día. Además, he tenido problemas con la posición física, sin poder llegar a concentrarme todo lo que desearía. De todos modos, estoy convencido de que podré mejorar».

Elena: «He pensado en el grupo, pero he tenido cierta dificultad a la hora de visualizarlo. Tampoco he practicado todos los días. Además, me ha costado creer en esto: rechazaba hasta cierto punto el aspecto irracional del asunto. Pero decidí continuar. Durante la segunda semana puse más empeño. He pensado mucho en el grupo, incluso sin visualizarlo, y he repetido los nombres con una cierta frecuencia».

Carlo: «Me ha ido bien. Quiero decir que Elena y yo hemos evitado influirnos mutuamente y que hemos trabajado cada uno por separado. No me ha sido difícil entrar en el ritmo y hasta la visualización ha sido bastante buena. Cuento con cierta ventaja, ya que conozco algunas técnicas de concentración. No me ha sorprendido nada. Incluso he tenido ciertas intuiciones que he escrito y que me gustaría comentar después de la reunión».

Elisa: «Todo ha ido bien. He tenido alguna dificultad inicial con el ritmo, pero he conseguido seguirlo con convicción. Tampoco la visualización me ha supuesto problemas y he visto al grupo constituido. No me ha ido tan bien al intentar ver a cada una de las personas. Creo que debe existir alguna técnica que podría ayudarme en ese detalle».

Paola: «He pasado varios días de oscuridad, sin imágenes. Después me he imaginado el grupo como una cadena y continúo viéndolo así en mi mente. He pensado en aprenderme los nombres de los distintos eslabones y colocar al conductor sobre el candado. Sobre todo en la segunda semana, he respetado el ritmo diario. Algo ha cambiado en mi estado de ánimo, pero ya hablaré de ello más tarde».

Riccardo: «He respetado todas las prescripciones. Dos veces al día he dedicado quince minutos a intentar ver al grupo. Ha ocurrido algo, pero he tenido muchos problemas para tener la mente serena. Incluso en alguna ocasión me venció el sueño. La segunda semana me encontré esperando este momento de reflexión. Sentía un insólito placer al acercarse la cita, pero también estoy un poco decepcionado por haber comprobado lo distraído que soy. De todas formas, sigo y no me doy por vencido».

Stefano escucha a todos con mucha atención, tomando apuntes. En la sala hay mucha calma, pero también una notable energía. Todos están atentos y preparados, a la vez que relajados, y no hay sombra de nerviosismo.

Stefano se levanta, se coloca frente a un atril, ordena las hojas y empieza a hablar:

«El tema central de nuestras siete conferencias es "Meditación y felicidad". Creo que una buena manera de empezar es aclarar qué supone hablar de ellas. Pero debido a que la primera es el instrumento y la segunda el objetivo, considero necesario invertir el orden para definir en breves palabras qué queremos alcanzar y después ver cómo debemos hacerlo. Con la palabra felicidad entendemos un estado de ánimo o, más sencillamente, *un conjunto de pensamientos agradables que entran y permanecen en la consciencia.*

A propósito de la felicidad, he elegido un par de pensamientos no carentes de cierta autoridad. En verdad, son muchos los que afirman que el hombre ha nacido para ser feliz, a pesar de que la mayoría de las personas no consiguen serlo casi nunca. Y ello hace que se escuchen afirmaciones del tipo: "La felicidad no existe", "la felicidad no es de este mundo", "sólo pueden ser felices los niños" o incluso "sólo podrían ser felices los animales, pero no lo son, porque al no tener consciencia propia no saben serlo". Entre muchas frases célebres sobre felicidad propongo las dos siguientes.

Dijo Blaise Pascal: "Nosotros no vivimos, esperamos vivir y esperamos ser felices en el futuro, de forma que inevitablemente no lo somos nunca".

Abraham Lincoln afirmó: "La mayoría de las personas es feliz en la medida en que ha decidido serlo".

Estos dos pensamientos nos inducen a reflexionar. De hecho, si examinamos atentamente nuestra existencia, estamos de acuerdo con Pascal que al esperar la felicidad en el futuro nos arriesgamos a no encontrarla nunca.

El planteamiento de Lincoln es un poco más optimista, pues al menos deja entrever algún camino al recurrir a la decisión de serlo.

La decisión es una expresión de la voluntad y por ello, si decidimos ser felices, tenemos buenas posibilidades de serlo realmente.

Pero hay que añadir otra precisión.

Si alguien, por sus motivos o principios, quiere renunciar a ser feliz, perderá el poder de la voluntad. No se puede hacer nada con quien quiere ser desdichado. De nada sirve culpar a los demás, a la sociedad o a la mala suerte. Esta búsqueda está cerrada a los que, en el fondo, se encuentran bien llenando su propia existencia de amargura, pesimismo, desconfianza y autoconmiseración. Estas personas no pueden aceptar esta prueba porque en ellas el deseo de perder es más fuerte que nunca.

En este momento, empezamos a preguntarnos qué hay que hacer. Existen algunos puntos básicos.

En primer lugar, hay que definir el punto de llegada, y el nuestro es: **todo ser humano puede ser feliz en cualquier etapa de la vida, si decide utilizar el poder creativo de la mente.**

Ahora nos detendremos brevemente en tres puntos fundamentales de esta operación, que prefiero llamar "aventura".

Los tres puntos de esta aventura son:
— las estaciones de la vida;
— qué hacer;
— qué instrumentos adoptar.

Las cuatro estaciones de la vida

Con este término prescindimos de las típicas periodizaciones de infancia, juventud, madurez y vejez para sustituirlas por referencias igualmente naturales como la primavera, el verano, el otoño y el invierno. La primavera puede entenderse como el despuntar de la flor de la vida, el verano es la transformación en fruto, el otoño es la maduración y el invierno es la gran pausa meditativa durante la cual la semilla se transforma y la vida se renueva y renace.

Las constelaciones del hemisferio celeste boreal en un grabado
de Alberto Durero (1515)

Algunas constelaciones del hemisferio celeste austral en un grabado
de Alberto Durero (1515)

La tristeza que algunos atribuyen al otoño y al invierno se debe únicamente a la falta de conocimiento. ¿Cuántos de nosotros nos comportamos como niños frente a la oscuridad, sin saber que basta con esperar a que surja lo que momentáneamente está escondido? El ciclo de la naturaleza nos hace comprender que nada desaparece y que la semilla sale de la flor y vuelve a la flor.

Una vez asimilada esta situación, procedemos hacia nuestro objetivo de la felicidad y nos preguntaremos:

Qué hacer

Aquí no estamos hablando de instrumentos, sino de comportamientos. A continuación citamos algunos.

• Aceptamos que la felicidad es posible, al menos, tanto como la infelicidad.

• Aprendemos a conocer nuestro cuerpo, nuestras emociones, nuestra mente, porque es de cuanto disponemos.

• Volvemos a pensar y a revivir las estaciones de nuestra vida transformando en dulce recuerdo las pasadas y en un confiado optimismo las futuras.

• Descubrimos los poderes de la mente para volvernos libres e independientes y para vencer ansiedades, miedos, relaciones negativas, etcétera.

• Construimos un *modelo ideal* que debemos realizar con nuestros medios y nuestras facultades.

• Aprendemos a no identificarnos y a volvernos conscientes de que *lo que estamos observando no coincide con quien está observando*. El yo es una barrera que se interpone entre la consciencia y la realidad.

• Descubrimos que en nosotros hay algo eterno y que para encontrarlo hay que utilizar la consciencia, por lo que también indagamos en ella y en sus posibilidades.

Todas estas son actitudes que nos permiten ser libres, eternos y felices con plena consciencia.

Los instrumentos

Para desarrollar estas actitudes, necesitamos ciertos instrumentos. Intentemos dar un nombre a algunas partes del gran laboratorio que está en nuestro interior: sentidos, voluntad, amor y mente. Los sentidos son las cinco puertas de nuestra comunicación hacia el exterior y hacia el interior, nadie puede negarlo.

Sin embargo, no son menos importantes la *voluntad* y el *amor*, dos extraordinarias fuentes de energía capaces de mover y transformarlo todo y que si se utilizan conjuntamente, permiten alcanzar la comprensión más completa.

Sabemos que la *mente* tiene poderes en buena parte desconocidos y que es capaz de obtener resultados casi milagrosos.

Además, existen dos instrumentos más, esta vez externos a nosotros en tanto que individuos, fuera de los confines de nuestra piel, aunque de enorme potencial: la meditación y el grupo.

La *meditación* es una técnica antigua, pero no obsoleta. Entre otras cosas, nos permite vivir algunas experiencias como si fueran totalmente reales. Nos acostumbra a reflexionar, a recibir mensajes del inconsciente y de otras dimensiones, a crear todo lo que hemos decidido querer: desde las imágenes mentales a los modelos de vida.

El *grupo* nos ofrece la posibilidad de obtener resultados difíciles de conseguir de forma individual, tiene una energía mayor que la suma de todas las individuales, es una posibilidad más.

Tenemos muchos instrumentos y múltiples medios, pero aquí, limitándonos a nuestro tema y nuestros objetivos, hablaremos sólo de la meditación. Puedo aseguraros que, más o menos directamente, el resto también interviene en esta técnica. Sobre el poder del grupo, me parece que este es un don adquirido. Junto con la meditación nos ayudará a preparar el estado de ánimo adecuado para *hacer efectiva la consciencia*, para reproducir y estabilizar "el conjunto de pensamientos agradables" que determinan las condiciones para ser felices.

Ahora vamos a buscar algo sobre la meditación. No es casualidad que utilice el término "buscar" porque esta técnica no puede ser definida con palabras, así como tampoco es posible definir la mente de manera sencilla y directa.

Para muchos, la palabra "meditar" equivale vagamente a pensar, por lo que quien piensa en los problemas cotidianos o fantasea sobre los próximos días de fiesta puede convertirse en uno que medita. No son pocos los que están convencidos de que es una técnica reservada a yoguis y lamas únicamente.

Otros la confunden con las alucinaciones conseguidas con productos químicos o drogas. Por último, algunas personas, afortunadamente cada vez más numerosas, hablan de una disciplina, de una técnica oriental aunque también occidental. Y no faltan numerosos textos que explican cómo hacerlo, por qué y qué resultados pueden obtenerse. Todo queda sintetizado en un pensamiento de Buda que afirma que "el hombre busca durante toda su vida la felicidad y encuentra las desilusiones que le dan las cosas exteriores. Sin embargo, existe una felicidad duradera y estable que puede ser experimentada por todos nosotros. Las fuentes de esta felicidad se encuentran en el interior de nuestra mente y los métodos para alcanzarla están ligados a la meditación. Meditando podemos ser felices en cualquier situación y en cualquier momento".

Entre los motivos de felicidad también está el contacto con uno mismo o con la propia alma, con Dios o con la parte divina que reside en nosotros. Aquí, alguien podría añadir que meditar equivale a rezar. Por esta razón conviene aclarar la diferencia.

En el rezo predomina un deseo intenso que procede del corazón: es una cuestión de fe y, en efecto, puede obtenerse mucho si no vacilamos. En cambio, la meditación nace en la mente y se orienta hacia algunas realizaciones que, si se mantienen con constancia, se vuelven consciencia.

Se podría decir que, mientras con el rezo *se pide*, con la meditación *se procede*. De hecho, se trata de un procedimiento silencioso, constante, ordenado para llevar la consciencia hacia el interior, y más tarde, elevarlo a metas más altas.

Ambos pueden orientarse al encuentro con Dios, pero es necesario tener presente que, mientras el rezo se basa en la fe en Dios, la meditación parte de la fe en la parte divina del hombre. Si pensamos en una montaña, podremos ver en el rezo el camino directo, mientras que la meditación procede con una escalada lenta, pero en la que cada paso constituye una conquista.

La meditación nace con los *Vedas*, hace unos mil quinientos años antes de Cristo, llegando a convertirse en un *sistema práctico* de consciencia del propio yo, aquí y ahora. Con el paso del tiempo se escindió en dos grandes ramas, la hinduista y la budista. Más tarde surgieron otras más o menos relacionadas con estas en zonas más occidentales, apareciendo en el seno de las religiones hebraica, cristiana y musulmana.

En los últimos años, Occidente vuelve a sentir un gran interés por la meditación. La búsqueda florece en las escuelas esotéricas e incluso en las escuelas de psicología humanística. Jung y el italiano Assagioli, que es el fundador de la psicosíntesis, se interesaron muchísimo en ellas, así como muchos estudiosos de universidades americanas, que se basan en los textos tibetanos y en los de Alice Bailey. Para ahorrar tiempo, tenemos que detenernos aquí puesto que la simple enumeración nos ocuparía muchas páginas. Obviamente, podré entregar a los interesados una extensa bibliografía.

Anacoreta indio,
miniatura del siglo XVI

Pero, vamos a tratar de decir algo sobre cómo se medita. Los textos sagrados dicen que el proceso meditativo consta de cinco momentos fundamentales: concentración, meditación, contemplación, iluminación y servicio inspirado. Practicando los tres primeros se llega al cuarto, instancia inmediata del quinto.

El resultado es la consciencia de sí mismo y de la divinidad. Pero indiquemos ahora, con más sencillez, dónde, cuándo y cómo se realizan las prácticas de la concentración y de la meditación. La contemplación, la iluminación y el servicio se analizarán más adelante.

El lugar de meditación

Deberá ser una habitación o un rincón, a ser posible tranquilo, y que sea siempre el mismo. Se necesita un asiento cómodo y que mantenga la espalda recta.

El lugar deberá hacerse acogedor, adornándolo con flores, cuadros, velas y quemando incienso.

Es importante crear el ambiente para llegar a *desear volver a meditar*. Tras una larga práctica, se puede llegar a hacerlo en cualquier momento y lugar.

El momento de la meditación

Las horas ideales son las de la madrugada, desde las 4 a las 8, pero también van bien el resto de horas; eso sí, hay que evitar las de después de las 10 de la noche. Normalmente una sesión dura unos quince minutos. Se trata de dedicarnos unos instantes a nosotros mismos, a nuestro propio bienestar y a nuestro progreso.

Antes de sentarse es necesario afirmar con convicción: "Ahora empiezo a meditar sobre... y dedico esta meditación al objetivo de..."

Repetir esta motivación impide perderse en divagaciones e imaginaciones.

La posición

Debe ser cómoda y relajada, pero firme: bien con las piernas cruzadas, en la posición del loto o en la del semiloto, bien en ángulo recto, apoyadas en el suelo, en la llamada posición del faraón, pero siempre con la espalda erguida, las manos en el regazo, la cabeza levemente inclinada, con el mentón hacia el pecho, las mejillas llenas y los ojos entrecerrados o cerrados.

El Buda Sakyamuni

La concentración

Esta palabra significa literalmente "reunir en un punto". Se centra la atención y la mente en un punto, un pequeño objeto, como la llama de una vela, el ritmo de la respiración o el latido del corazón. Lentamente se abstrae la consciencia hacia el interior. Se intentará sentir que las sensaciones penetran por las cinco puertas de los sentidos y se intentarán conducir hacia el centro de la cabeza. Se empieza con pocos segundos y se aumenta de forma gradual. Se puede alcanzar la concentración en cualquier momento observando con intensidad y atención objetos cercanos a nosotros, pero de escaso interés.

La meditación

Una vez alcanzada la concentración, pasamos a la meditación. Es indispensable tener la máxima consciencia del hecho de que se está meditando y de que se está construyendo algo. Más tarde, se pueden afrontar de forma progresiva tres tipos de meditación (*reflexiva, receptiva* y *creativa*), practicables en su conjunto o bien de forma individual.

Se puede *reflejar*, observando con el ojo de la mente orientado horizontalmente sobre el objeto de nuestro pensamiento, "dialogando" sólo con palabras y sin visualizar imágenes.

Se puede *recibir* dirigiendo el ojo de la mente hacia arriba, verticalmente, para ver a niveles superiores, predisponiéndose a recibir señales particulares e insólitas, sólo perceptibles en condiciones de perfecto silencio interior y de alejamiento.

Se puede *crear*, es decir, construir una nueva forma o una nueva idea, revistiendo el flujo de consciencia con imágenes y vivificándolo con la fuerza del sentimiento y del deseo.

La meditación se convierte en una experiencia que, al principio, requiere un instructor.

Sobre todo lo que hasta aquí hemos dicho, el gran Patanjali lo manifiesta de una manera casi lapidaria:

"*Concentración* (dharana) es fijar la mente en un objeto. *Meditación* (dhyana) es una concentración prolongada."

Y él mismo aconseja: "Concentraos en todo lo que hacéis durante todo el día".

Ahora intentaremos apuntar los resultados que esperamos de la meditación. Especialmente en la primera fase se tienen resultados sorprendentes. Muchos, de imprevisto, toman consciencia de sí mismos, descubren capacidades escondidas, advierten la realidad de la mente y de sus múltiples potencialidades.

Se crea un cierto estado eufórico, un pequeño núcleo de felicidad muy íntima, debida a la novedad de un flujo de pensamientos placenteros y estables. Sin embargo, poco a poco, se llega a la primera prueba: dificultades imprevistas, insatisfacción, sensación de haber perdido todo resultado. En este momento, son muchos los que abandonan, aduciendo cualquier excusa o postergándolo todo a un futuro impreciso. Otros se empeñan y resisten con constancia y voluntad.

Este es el primer beneficio: una mayor eficacia en la vida cotidiana. Se advierte incluso la clara sensación de desear mucho el momento de la meditación. Si se medita por la mañana, uno se despierta contento.

A medida que se avanza, se aprecia una cierta diferencia entre quien medita y el objeto de la meditación, o bien entre el conocedor y el objeto de la consciencia. La natural emotividad tiende a calmarse y a dejarse gobernar por la mente. Incluso las sensaciones que llegan de las cinco puertas de los sentidos se debilitan en favor del "sexto sentido": la mente.

En este momento, empiezan ciertas experiencias que, justamente por ser así, son individuales y difícilmente descriptibles. Se puede hablar de nubes de colores, haces de luz viva, presencia de la imagen de un ojo que nos observa desde el centro de la frente. También se viven otras experiencias, absolutamente incomunicables, como el encuentro con uno mismo, con el viejo sabio, con la voz del silencio, con la alegría, con la consciencia de la propia inmortalidad, con el amor y la sabiduría, etcétera. Pueden percibirse sonidos insólitos, sabores dulcísimos, impulsos interiores y actuar siguiendo un proyecto y otras muchas cosas. Se trata de experiencias físicas, psíquicas y espirituales distintas de persona a persona y, no me canso de repetirlo, no comunicables en el lenguaje común.

Pero... ¿es tan complejo meditar?

Esta es la pregunta natural que se hace la persona que ha conseguido resistir hasta este punto. A quien ha llegado hasta aquí movido por el interés hacia este tipo de vivencias, se le puede comunicar una pequeña certeza. Generalmente quien dirige la mirada más allá de los obstáculos y de la atención, además de las dificultades iniciales, advierte ya una chispa de deseo. Quien se apropia de esta chispa la convierte en *querer* y transforma los obstáculos y las dificultades en ocasiones para *poder, osar* y *callar*.

Con estos cuatro verbos, que constituyen un conocidísimo cuatrinomio, puedo detenerme de momento. Tenéis la palabra.»

Stefano recoge los folios, deja el atril y, después de sentarse, mira a todos los presentes con una sonrisa interrogadora.

Aldo: «He oído tantas cosas nuevas e interesantes para mí, que de momento sólo sé que debo pensar en ello y reflexionar».

Elena: «Quisiera profundizar en la diferencia entre meditación y oración, pero prefiero pensar en ello más tarde».

Carlo: «Todo resulta extremadamente interesante. Creo que sería necesario practicar, hacer ejercicios».

Elisa: «El discurso sobre la meditación me ha hecho olvidar el de la felicidad y, en cambio, es justamente el que quisiera entender mejor. Pero, me gustaría hacerlo sola, sin explicaciones de otras personas.»

Paola: «Yo también estoy interesada por el camino hacia la felicidad, pero comprendo bien que pasa a través de la meditación. He percibido algo que me gusta mucho. Siento que, durante brevísimos segundos, soy capaz de detener la mente. He creído comprender que la meditación es como un iceberg y tres cuartos de ella están sumergidos. Tengo las ideas más claras sobre el ego y la consciencia. Aunque lo mejor será dejarlas sedimentar».

LOS PLANOS DEL SER

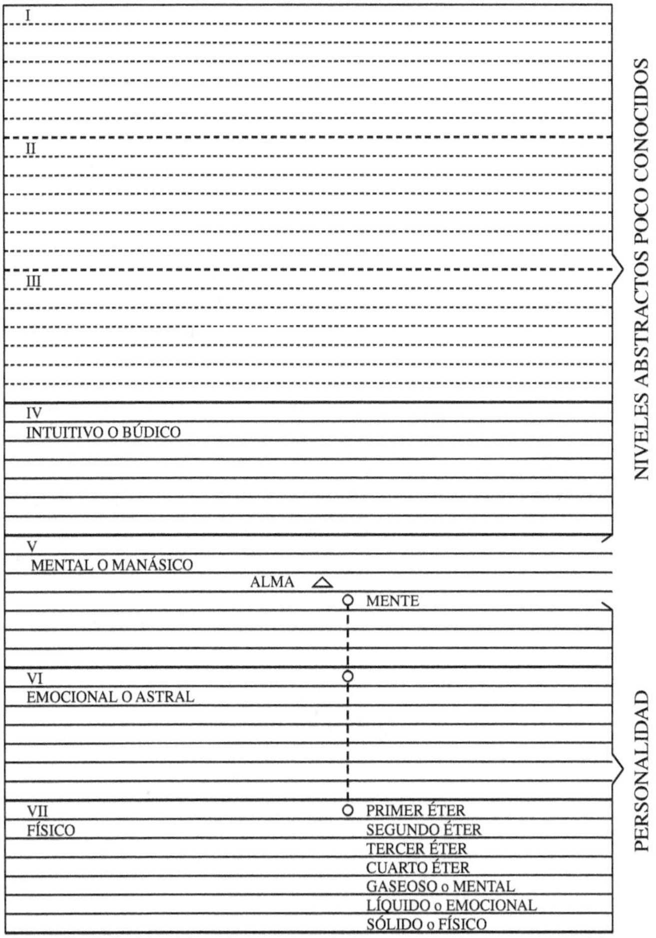

I

II

III

IV
INTUITIVO O BÚDICO

V
MENTAL O MANÁSICO

ALMA △
○ MENTE

VI
EMOCIONAL O ASTRAL

○

VII
FÍSICO

○ PRIMER ÉTER
SEGUNDO ÉTER
TERCER ÉTER
CUARTO ÉTER
GASEOSO o MENTAL
LÍQUIDO o EMOCIONAL
SÓLIDO o FÍSICO

NIVELES ABSTRACTOS POCO CONOCIDOS

PERSONALIDAD

Riccardo: «Toda la conferencia me ha entusiasmado, pero reconozco que también siento un cierto temor. ¿Podrá conseguirlo un hombre como yo? ¿Para quién son accesibles la meditación y la felicidad? Esta es una pequeña duda que me impide estar completamente satisfecho».

Stefano acaba de tomar notas, se levanta, toma una vela y, tras encenderla, la coloca en el centro de la sala, en una posición equidistante de los presentes. Vuelve a su sitio y prosigue:

«La duda de Riccardo debe aclararse de inmediato. Cualquier persona que respire puede meditar y ser feliz, si así lo decide. La voluntad es determinante y en ella nos entretendremos largo y tendido en las próximas reuniones. Puedo adelantaros que dentro de este ciclo de reuniones trataremos un caso en particular: el de Dario. Se trata de un hecho documentado que podrá ayudaros a la hora de entender las técnicas y comprender los resultados.»

Del resto de participantes surge la necesidad de reflexionar.

«Tenéis quince días de tiempo para reflexionar y para tomar notas. Además, podéis traer el próximo día el primero de los siete ejercicios que os he preparado.

Concluyo recordando que Buda llegó a la iluminación a través de la siguiente técnica: "Sé consciente de tu respiración, mientras entra y sale, entra y sale... Entra y sal tú también con la respiración".

Ahora, dediquemos un minuto a cerrar los ojos, unir las manos, percibir el grupo y consolidarlo. Después, como siempre, nos alejaremos en silencio. No hace falta que nos despidamos. Pronto empezaremos a comprender por qué.»

PRIMER EJERCICIO:
CONTROL DEL CUERPO[1]

Dedicatoria

Tras elegir el lugar y el momento, en pie, frente al lugar donde se iniciará la meditación, hay que inclinarse ligeramente y decir: **Dedico estos momentos a lograr el control completo de mi cuerpo.**

Preliminares

Siéntese cómodamente, de manera que note todo el cuerpo y mantenga recta la columna vertebral.

[1] Cada ejercicio se leerá varias veces hasta que empiece a sentirse el deseo de experimentarlo. Puede ser memorizado, leído en voz alta o grabado en una cinta. Escucharse a uno mismo facilita el proceso y puede ser más eficaz. Cada ejercicio deberá realizarse al menos siete veces antes de pasar al siguiente. El séptimo —al que sólo puede llegarse siguiendo la progresión— puede utilizarse continuamente incluso como encuentro cotidiano con la meditación. No olvidemos que estas prácticas requieren su tiempo.

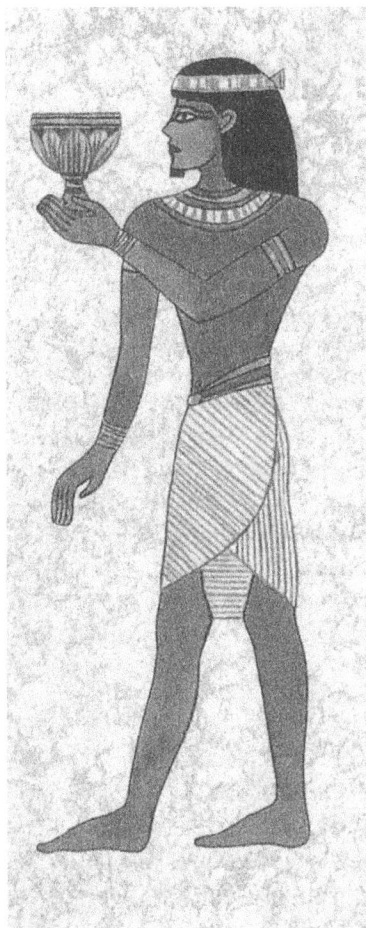

Coloque las piernas cruzadas, en la posición del loto o del semi-loto, o bien en ángulo recto, con los pies bien apoyados en el suelo. Procure que las manos estén relajadas o apoyadas sobre las piernas con la palma dirigida hacia abajo o con el pulgar y el índice formando un círculo abierto. Incline ligeramente la cabeza hacia delante con el mentón hacia el pecho y dirija la mirada hacia el suelo o hacia la punta de la llama de una vela encendida, siempre con los párpados bajados, dejando que llegue un hilo de luz a los ojos.

Relajación analítica

Manteniendo la misma posición, concéntrese en el punto más elevado de la cabeza y, a partir de aquí, empiece a relajar las distintas partes de su cuerpo, diciendo mentalmente: **Relajo el cuero cabelludo.** Inspire y espire tranquilamente, imaginándoselo. Repita cada operación hasta llegar al final.
Relajo la frente y las sienes.
Relajo las mejillas, el cuello, la garganta.
Alivio la tensión de las mandíbulas y dejo entre los dientes el espacio para un grano de arroz.
Relajo los hombros, los brazos, las manos.
Relajo el pecho y el dorso.
Relajo el vientre y los riñones.
Relajo los glúteos y los pies.
Inspire y espire naturalmente varias veces intentando imaginar todo el cuerpo relajado, y afirme mentalmente: **Mi cuerpo está relajado, completamente relajado.**

Respiración

Centre la atención en la nariz, y más concretamente en las dos fases naturales de la respiración. Sin modificar el ritmo, cada vez que inspire, dígalo. Haga lo mismo cuando espire.

El maestro Padmasambhava en la posición del loto en un mandala tibetano

Cuando esté bien concentrado en las dos fases, diga 14 veces la palabra «inspiración».

Al acabar, abra los ojos y diga: **El control de mi cuerpo mejora cada vez más. Estoy bien, mejor que antes. Gracias.**

No se olvide de esta última palabra: es importantísima para concluir cada ejercicio.

24 DE OCTUBRE
SEGUNDA CONFERENCIA

Todos están presentes. Stefano repite algunas palabras y las enfatiza con algunos gestos. El grupo ha vuelto a encontrarse como si el tiempo transcurrido hubiera sido tan sólo de unas horas.

Stefano empieza con un tono bastante decidido:

«¡Bien! Si no hay ninguna pregunta de interés particular y que no pueda ser pospuesta, pasaré a presentar el caso de Dario. ¿Estamos de acuerdo?»

Aldo, asiente; le siguen Elena y Carlo; Elisa deja comprender que hablará la última, mientras que Paola y Riccardo también están de acuerdo. Elisa recupera la palabra: «Yo, no. Siento la necesidad de dar un paso atrás.

No he conseguido aclarar las ideas. En pocas palabras, no entiendo qué es o qué no es la felicidad, cómo puede alcanzarse y, sobre todo, cómo se puede estar seguro de que no se trata de autosugestión o de fantasías.

Quizá mis compañeros lo hayan comprendido todo y les haga perder el tiempo, pero si no lo entiendo yo también, si no voy más allá de los significados superficiales de las palabras, el grupo terminará por resentirse.»

Stefano no parece molesto, sino todo lo contrario, y, casi satisfecho por la interrupción, prosigue:

«Muy bien. El grupo empieza a dar señales de vida. A pesar de que Elisa haya hablado en primera persona, creo que todos pensamos lo mismo. De hecho, el grupo se manifiesta y se expresa a través de sus miembros. A medida que avancemos, os daréis cuenta de lo que estoy diciendo. Y el primer signo tangible lo veréis cuando digáis cosas que no hubierais dicho nunca, ni siquiera pensado fuera del grupo.

No obstante, ahora buscaremos las respuestas más adecuadas y claras a las preguntas de Elisa.

Estoy seguro de que habréis notado que no he dicho "buscaré", sino "buscaremos" y ello se debe a que yo también soy un miembro inseparable del grupo. Las respuestas tendrán mi voz, vendrán del bagaje de mis conocimientos, pero también del pensamiento, de la consciencia y de la energía que cada uno de nosotros habrá puesto en el circuito que nos une. En verdad somos como acumuladores unidos los unos a los otros, y ninguno puede reconocer su propia energía en la energía final. Justamente, como ha dicho Elisa, una persona inactiva sólo puede terminar por empobrecer y limitar los resultados. Pero volvamos a las preguntas. Si Elisa está de acuerdo, preferiría examinar primero *qué no es la felicidad.*

La felicidad no es un premio ni una recompensa. No está ligada al tener. No nos viene de los demás. No puede venir del futuro, ni tampoco del pasado. No se es feliz a causa de algo. Es decir, la felicidad no puede coexistir con el egoísmo.

Tras haber prestado una atención particular a estos seis o siete puntos, podemos recordar —y nos será de gran utilidad— las palabras del filósofo Spinoza, que afirmó: "La felicidad no es la recompensa a la virtud, sino la propia virtud." Teniendo bien presente esta definición, podemos comenzar y disipar cualquier vaga esperanza de que alguien nos pueda premiar así o de que la posesión de cualquier bien material sea capaz de hacernos felices. De hecho, el primer estado de ánimo que se une a la posesión de las cosas es el miedo a perderlas y ello es suficiente para acabar con nuestro ideal.

Tampoco los recuerdos o las esperanzas futuros nos ayudarán, porque siempre están unidos a una posesión, a una unión a las cosas. Lo mismo puede decirse del egoísmo y el egocentrismo. El hambre del egoísta es como la del lobo, insaciable. El egocéntrico también está atenazado por el temor a no ser constantemente el centro de la atención.

Ninguna forma de temor o miedo puede coexistir nunca con la felicidad. Veamos a continuación qué es.

Los cuatro aspectos de la energía individual según la tradición tibetana

Un autor norteamericano, Maxwell Matz, la define como "un estado mental en el que tenemos pensamientos agradables que conseguimos mantener durante un cierto tiempo". Si cada uno de nosotros examina atentamente estas palabras, las vive y las experimenta, puede comprender lo que ahora intentaré decir. Os invito a seguirme atentamente.

La felicidad es **ser**. Es un estado mental que tan sólo puedo crear yo, que puede vivir sólo en mí, en el presente de mi mente, aquí y ahora. Me diréis que no hay nada nuevo, puesto que el famoso dicho *hic et nunc,* no es un descubrimiento reciente.

Es obvio, además, que cuando descubrimos algo, no inventamos nada en realidad; pero quizá sacamos a la luz algo que permanecía escondido. En cuanto a los pensamientos agradables, no me es difícil afirmar que sólo puedo tenerlos yo mismo y hacerlos durar el tiempo que quiera. Es importante ser lo más consciente posible de esta gran y única posibilidad que se nos ofrece a cada uno de nosotros. Despreciarla por ignorancia, por miedo o por dependencia de la opinión de terceros constituye un auténtico pecado.

En cambio, en lo que respecta a cómo llegar a la felicidad, conviene aprender una palabra, sólo una: **práctica**. Sí, la felicidad tiene que ponerse en práctica. Es una costumbre que hay que adoptar. Ocurre que si yo me pongo un disfraz y me comporto como si fuera el personaje que represento, me estoy convirtiendo en él.

En este caso, el viejo proverbio que afirma que "el hábito no hace al monje" ha sido tergiversado, ya que aquí se podría decir lo contrario. Si me pongo el traje de la felicidad y me comporto como si fuera feliz, lo seré. En ningún otro caso se hace más evidente el principio fisiológico de que el ejercicio desarrolla los músculos. A estas certezas se llega a medida que se practica. Hay otro dicho sobre el que también conviene reflexionar: el que dice "sé bueno y serás feliz". Nosotros, de acuerdo con las teorías de Matz, podremos afirmar convencidos: "sé feliz y serás bueno".

Ante el peligro que ya hemos apuntado de caer en la autosugestión o en la fantasía, intentamos preguntarnos: "¿Soy lo suficientemente fuerte para impedirme ser feliz? ¿Quién podrá, sino yo mismo, medir si soy o no feliz?" Y continuamos diciéndonos, e incluso afirmando: "No existen los instrumentos precisos. Sólo es una constatación mía, únicamente mía. Si alguien me condiciona con la duda, si alguien es capaz de influir en mí, sosteniendo que se trata de autosugestión y fantasías, si alguien puede afirmar que mi comportamiento es infantil, la culpa será mía. Quiere decir que aún no soy libre. Que basta la opinión de otra persona para dejar de ser feliz. Significa que no he sido capaz de crear mi propio estado mental que puede producir mi felicidad".

Seguramente, en una situación de este tipo, existen otros problemas más importantes. Pero si no son muy graves, sin duda, será suficiente con realizar una toma de consciencia como la que he descrito. En este momento más que nunca es importante recordar que cada uno es el único artífice de su propia felicidad.

También podría poner algún ejemplo, pero prefiero pasar a la presentación directa de lo que he denominado el "caso de Dario", en el que podréis encontrar los resultados de algunas técnicas.»

Stefano permanece en silencio durante unos minutos, después, lentamente extrae de su bolsa una carpeta y la coloca sobre el atril. Se aclara la voz y empieza a narrar:

«El caso de Dario es la recopilación de toda la documentación referida a un joven que conocí, que se dirigió a mí y al que durante cierto tiempo me dediqué a ayudar a salir de una compleja situación psicológica que, entre otras cosas, era la causa de su desdicha. Siguiendo el método que he adoptado, la carpeta contiene su ficha y la autobiografía.

En la ficha se recogen datos, características, referencias y todo aquello que compone su historia.

La autobiografía está escrita directamente por esa persona, después de aplicar y utilizar el ejercicio de desidentificación y autoidentificación. En la última parte de la misma, se explica cómo esta persona ha resuelto el problema y cómo orientó, más tarde, su propia existencia.

Para evitar que todo tuviera la frialdad de la ficha clínica he preferido adoptar un estilo que esté a mitad de camino entre el ensayo y la narración, a causa de la gran confianza que tengo en el acto de escribir.

A propósito de esto, puedo adelantaros que he realizado importantes experiencias sobre este tema, lo que me permite afirmar que además de las conocidas "vías" (científica, iluminativa, ético-regenerativa, estética, mística, heroica y ritual), existe seguramente una "vía de la escritura" cuyos métodos y resultados encontraremos en el caso Dario.

Empecemos, pues, la lectura de la ficha.»

FICHA

Dario es un joven de unos treinta y cinco años, que vive en su pequeño pueblo natal del valle de Staffora, en la provincia de Pavía, en Italia. Había sido alumno mío cuando era profesor de filosofía y puedo afirmar que era brillante, aunque un poco extraño. Posiblemente entonces ya no era feliz. En aquel período era muy difícil conseguir que hablara, que revelase lo que le entristecía. Para ello, tendría que inmiscuirme en su vida privada y familiar, en sus sueños y desilusiones. Era una tarea delicada y difícil, y más en el ambiente escolar. Además, yo aún no me había dedicado a estudiar los problemas psicológicos. Recuerdo que Dario hablaba poco y no se relacionaba con sus compañeros. Aparentemente, parecía sufrir por el hecho de que se le consideraba un provinciano y no se atrevía a conversar con nadie. A menudo, daba la impresión de no estar atento, pero si le hacía alguna pregunta mostraba claramente no haberse perdido una sola palabra. Debería haberme ocupado más de él, pero había tantas cosas que me distraían... Recuerdo todo aquello como un grave error.

Al cabo de unos quince años, volvió a aparecer en mi vida de una forma insólita y dramática. Le habían ingresado en un hospital después de un grave accidente automovilístico. El hospital no estaba muy lejos de mi actual residencia y él había dado mi nombre y dirección. La policía vino a avisarme y corrí a verle. En cuanto oí su nombre, lo recordé todo sobre él y, además, el hecho de que conociera mi nueva dirección, me hizo comprender que no se había olvidado de mí, sino todo lo contrario. Tuve algunas dificultades para reconocerlo, debido a las heridas y a un notable cambio físico. Parecía mucho más viejo, con los rasgos más marcados. Sólo los ojos permanecían iguales: eran los mismos ojos claros y asustadizos del chico esquivo que recordaba sentado en los últimos bancos de la clase. La ficha clínica señalaba una doble fractura de la pierna derecha, luxación de algunas costillas, heridas múltiples en la cara y en las manos y un traumatismo craneal sin pérdida de conocimiento. De inmediato le rogué que no me diera explicaciones. Le dije que estaba contento de que me hubiera llamado, pero que no quería saber la razón. Aprecié en él un auténtico alivio y tuve la clara sensación de que necesitaba confiarse a alguien. Estuve con él durante toda su hospitalización, y después le llevé a mi casa para la convalecencia. Le hice creer que necesitaba su compañía y colaboración para mis estudios. En este período aprecié una progresiva relajación y una aceptación bastante tranquila de mi ayuda. Tras superar un poco las dudas, prejuicios y reticencias por su parte, empecé a considerarlo una persona capaz de salir de su estado actual y vivir mejor. Estaba seguro de que las distintas técnicas y, sobre todo, la meditación darían buenos resultados. También sentía que en el fondo tenía ganas de cambiar, pero él aún no se había dado cuenta ni hubiera podido saberlo si no hubiera aprendido a conocerse a sí mismo. Toda su existencia podía resumirse en pocos hechos, en pocos momentos particulares relacionados con su familia, su entorno, los afectos y los ideales. Datos escasos que cabrían en una lápida, si esa noche, después del accidente, no se hubiera dado cuenta de que aún estaba vivo y que quizá merecía la pena continuar estándolo.

Este trauma, que desembocaba en una situación dramática, se convirtió en objeto de atención y reflexión. Poco a poco, le ayudé a confiar en esta antiquísima práctica: la meditación. Más adelante, le pregunté qué deseaba, y me respondió que quería ser menos infeliz. Entonces, creí que tenía que orientarse en esa dirección. Dario buscaría la felicidad a través de la meditación. Pero primero le propuse hacer el ejercicio de la desidentificación y la autoidentificación.

Dario lo transcribió palabra por palabra, tal como se presentaba en el libro *El acto de voluntad* de Roberto Assagioli. Lo volvió a copiar varias veces en los días sucesivos.

Después, al cabo de un período de tiempo relativamente breve, se sintió preparado para escribir su autobiografía. Aquí termina la ficha y la conferencia de esta noche.

Stefano recoge los folios, cierra la carpeta y, con calma, vuelve a su lugar. Cambiando el tono de voz, afirma:

«Creo que es útil detenernos aquí. Las respuestas necesarias al problema de Elisa nos han entretenido. No es útil continuar, porque la atención empieza a descender visiblemente. Os recomiendo que leáis vosotros también, que copiéis, grabéis y escuchéis el ejercicio de desidentificación y autoidentificación que encontraréis en estos dos folios que voy a repartir. Adaptadlo a vuestras necesidades y practicadlo al menos una vez al día, por la mañana a ser posible. Dura unos quince minutos, pero también puede realizarse en menos tiempo. Lo que hagáis será para vosotros, para vuestro bienestar y progreso personal.

La próxima vez leeré una parte de la autobiografía de Dario, pero antes escucharemos bien al grupo. Tomad también el segundo ejercicio. Este, al igual que los demás, es un trabajo personal. No hablaremos de él, porque ello os ayudará a construir algo realmente vuestro. Ahora repetimos lo que sabemos y después nos iremos como de costumbre.»

EJERCICIO
DE DESIDENTIFICACIÓN
Y AUTOIDENTIFICACIÓN

LAS ESFERAS DE LA CONSCIENCIA

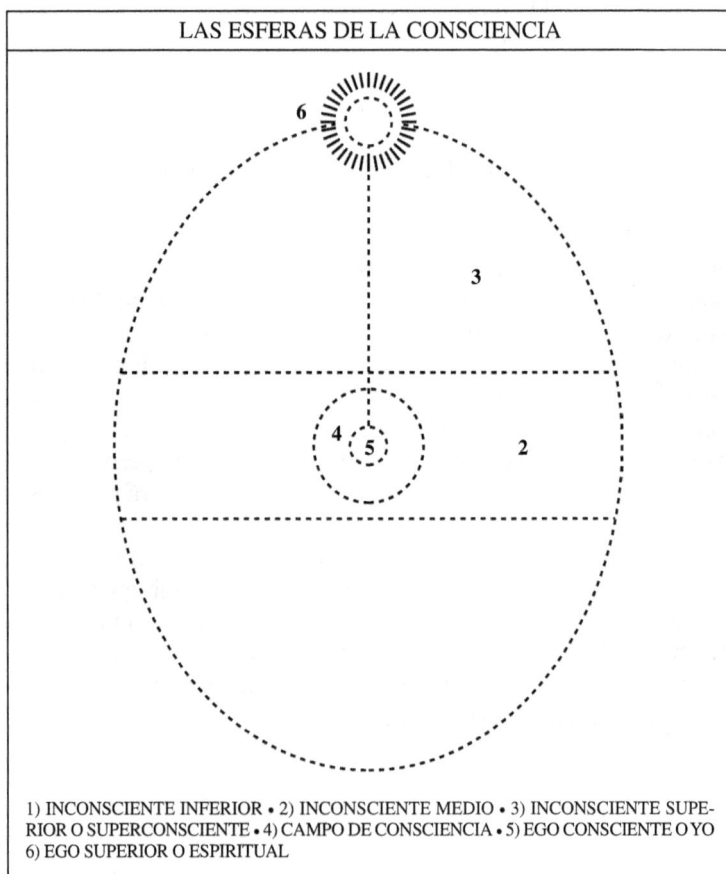

1) INCONSCIENTE INFERIOR • 2) INCONSCIENTE MEDIO • 3) INCONSCIENTE SUPE-
RIOR O SUPERCONSCIENTE • 4) CAMPO DE CONSCIENCIA • 5) EGO CONSCIENTE O YO
6) EGO SUPERIOR O ESPIRITUAL

Tras haber adoptado una posición relajada y haber respirado profundamente **afirme lenta y deliberadamente**: «Yo tengo un cuerpo, pero no soy mi cuerpo. Mi cuerpo se puede encontrar en distintas situaciones de salud o de enfermedad, puede estar descansado o cansado, pero no tiene nada que ver **conmigo mismo,** con mi auténtico **yo.** Valoro mi cuerpo como un precioso instrumento de acción y de experiencia en el mundo exterior, pero es sólo un **instrumento.** Lo trato bien, intento mantenerlo en buena salud, pero soy algo más. **Yo tengo un cuerpo, pero no soy mi cuerpo».**

Ahora, cierre los ojos y concéntrese en la frase: «Yo tengo un cuerpo, pero no soy mi cuerpo», intentando ser consciente de ello.

Después, abra los ojos y prosiga afirmando: «Yo tengo emociones, pero no soy mis emociones. Mis emociones son diversas y mutables e incluso a veces contradictorias. Puedo pasar del amor al odio, de la calma a la ira, de la alegría al dolor, sin embargo mi esencia, mi verdadera esencia, mi verdadera naturaleza no cambia porque **yo permanezco.** Si bien, una ola de ira pueda sumergirme momentáneamente, sé que pasará con el tiempo; por lo tanto **yo no soy** esa ira. Puesto que puedo observar y comprender mis emociones y después aprender gradualmente a dirigirlas, utilizarlas e integrarlas armoniosamente, es evidente que estas **no** son yo mismo. **Yo tengo emociones, pero no soy mis emociones.** Yo tengo una mente, pero no soy mi mente. Mi mente es un valioso instrumento de investigación y expresión, pero no es la esencia de mi ser. Sus contenidos cambian continuamente, mientras que esta abraza nuevas ideas, conocimientos y experiencias. A veces, se niega a obedecerme. No puede ser yo mismo. Es un órgano de conocimiento tanto para el mundo exterior como para el interior, pero no es yo mismo. **Yo tengo una mente, pero no soy mi mente».**

En este momento proceda hacia la autoidentificación.

«Y, entonces... ¿qué soy? ¿qué permanece cuando me he desidentificado de mi cuerpo, de mis sensaciones, de mis sentimientos, deseos, mente y acciones?»

Comience la fase de **identificación** y con lentitud y concentración afirme:

Después de haberse desidentificado de todos aquellos contenidos de la consciencia tales como sensaciones, emociones y pensamientos, **reconozca y afirme** ser un **centro de pura autoconsciencia.** Usted es un **centro de voluntad.** capaz de observar, dirigir y usar sus procesos psicológicos y su cuerpo físico. Intente ahora concentrarse al máximo en la realización.

«Yo soy un centro de voluntad y de pura autoconsciencia.»

La esencia de cada uno es un **centro de pura autoconsciencia,** el factor permanente en el flujo mutable de la vida. Esto es lo que da sentido de ser, de permanecer, de equilibrio interior. Todo el mundo debe afirmar su identidad con este centro y reconocer su permanencia y su energía.

Por lo tanto reconózcase y afírmese como **centro de pura autoconsciencia** y de energía creativa y dinámica. Reconozca que a partir de este centro de verdadera identidad puede aprender a observar, a comprender y a armonizar todos los procesos físicos y psicológicos.

Debe alcanzar una consciencia permanente de este hecho, en su vida diaria y usarla para ayudarse a crecer interiormente.

SEGUNDO EJERCICIO:
CONTROL DEL CUERPO, DE LAS EMOCIONES Y DE LA MENTE

EXPANSIÓN DE LA CONSCIENCIA

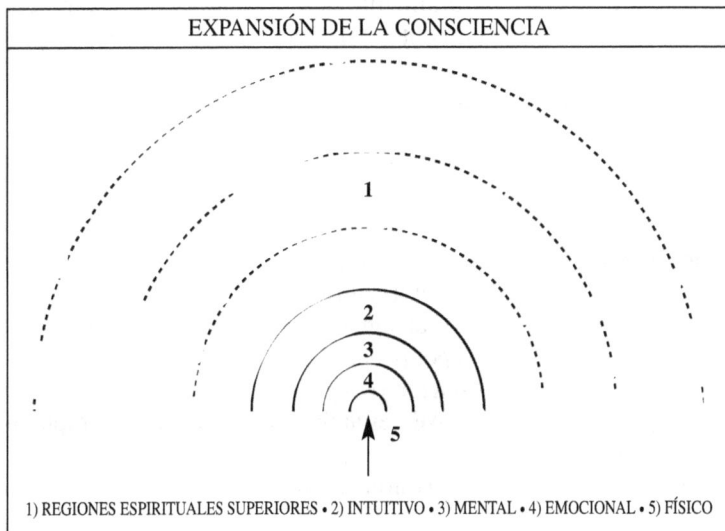

1) REGIONES ESPIRITUALES SUPERIORES • 2) INTUITIVO • 3) MENTAL • 4) EMOCIONAL • 5) FÍSICO

Dedicatoria

Inclínese frente al lugar elegido para meditar y diga: **Dedico estos instantes a lograr el control completo de mi cuerpo, de mis emociones y de mi mente.**

Preliminares

Adopte la posición acostumbrada de piernas, manos, cabeza, mirada y párpados.
Relaje su cuero cabelludo, frente, sienes, mejillas, cuello y garganta.
Alivie su mandíbula.
Relaje sus hombros, brazos, manos, pecho, dorso, cintura, diafragma, vientre, riñones, glúteos, piernas y pies.
Inspire y espire naturalmente, sin esfuerzo y sin establecer tiempos, y repita mentalmente: **Mi cuerpo está relajado, completamente relajado.**
Apacigüe sus emociones

Concentración

Concéntrese en la respiración subrayando mentalmente cada fase repitiendo las palabras «inspiración» y «espiración» ocho veces.
Imagine una superficie de agua —una playa, por ejemplo— y véala primero encrespada por pequeñas olas y después cada vez más tranquila, hasta que parezca inmóvil y transparente, como un espejo.
Repita mentalmente: **Mis emociones desaparecen completamente. Estoy tranquilo.**
Permanezca sumergido durante unos minutos en esta imagen.
Serene la mente.

Vuelva a concentrarse en la respiración repitiendo ocho veces las palabras «inspiración» y «espiración».
Imagine un cielo azul, con alguna nube pequeña que se aleja y, por último, desaparece.
Repita en silencio: **Mi mente se está serenando. Está serena como un cielo sin nubes. Cada vez más serena y libre de cualquier pensamiento.**
Permanezca durante unos minutos inmerso en esta imagen de serenidad, intentando llegar al vacío mental.

En caso de que le asalten algunos pensamientos, el mejor modo de alejarlos consiste en volver a centrar rápidamente la atención en las dos fases respiratorias y nombrarlas en voz alta.

Conclusión

Contar sólo catorce veces la inspiración. Abrir los ojos y afirmar: **El control de mi cuerpo, de mis emociones y de mi mente mejora cada día. Yo estoy bien. Estoy mejor que antes. Gracias.**

9 DE NOVIEMBRE
TERCERA CONFERENCIA

El grupo está incompleto: falta Paola. Durante unos minutos todos se miran y preguntan qué ha pasado. Nadie sabe nada. Stefano parece tranquilo y continúa ordenando sus folios.

Elisa pregunta: «Quisiera saber qué ocurriría si Paola no pudiera estar presente. ¿El grupo continuaría activo?»

Stefano sonríe y responde enseguida:

«Estaba esperando esta pregunta. Seguramente es bueno que todos los componentes estén presentes, pero no hay duda que el grupo es la gente que asiste. Da igual el número. Si una persona está ausente por un motivo justificado, nosotros visualizaremos su imagen como si estuviera entre nosotros, en su lugar. Ella también podría hacer lo mismo y visualizar el grupo, sintiéndose con nosotros. En el caso de que estuviese ausente por distracción o porque ha preferido hacer otra cosa, nosotros proseguiríamos, pero después habría problemas cuando volviera. Será ella misma la que experimentará una sensación negativa, que no comprenderá ni sabrá explicar. No creo que este sea el problema, puesto que nuestra amiga acaba de llegar. No olvidemos que Paola es médico.»

Unos minutos después, el grupo está reconstituido y preparado. Stefano pregunta: «La última vez nos despedimos con un ejercicio que teníais que realizar y con la presentación de una ficha sobre Dario. ¿Qué tiene que decir el grupo al respecto?

Intentemos tener presente que cuando preguntamos, negamos, afirmamos, escuchamos en silencio, e incluso si al expresarnos utilizamos la palabra *yo*, cada uno habla y actúa no sólo por sí mismo, sino también por boca del grupo. Formamos parte de un ente vivo que se expresa a través de nosotros. Basta con repetir "yo recibo, elaboro y comunico para mí y para mi grupo".

Además sería conveniente anteponer a nuestras intervenciones una breve frase como "hablo en nombre de Stefano y en el del grupo". Intentamos siempre adoptar este comportamiento y después procedemos como de costumbre.»

Después de unos minutos de silencio, con evidentes signos de incomodidad, empezaron.

«Hablo en nombre del grupo y en el de Aldo. He copiado varias veces el ejercicio de desidentificación y autoidentificación. Cuando creí que estaba bien claro, lo reduje a la siguiente fórmula:

— yo tengo un cuerpo, pero no soy mi cuerpo;
— yo tengo emociones, pero no soy mis emociones;
— yo tengo una mente, pero no soy mi mente;
— yo soy un centro de pura autoconsciencia y voluntad.

He memorizado estas cuatro afirmaciones y las he repetido varias veces durante el día, sobre todo al acabar de despertarme y antes de dormirme. Es una experiencia muy hermosa. De momento, no he tenido resultados dignos de ser narrados, pero estoy muy contento y preveo que sucederá algo sorprendente. Reconozco que no he reflexionado, ni siquiera pensado en la ficha del caso de Dario y pido disculpas. Sin embargo, he realizado otros ejercicios. Vaya, no tendría que haberlo dicho.»

«En nombre de Elena y del grupo, comunico que el ejercicio en sí mismo me ha confundido bastante. Decir que tengo un cuerpo, pero que a la vez no lo soy, me resulta extraño e incluso ha llegado a irritarme. He intentado pensar en la ficha de Dario, pero siempre me he sentido turbada por este extraño ejercicio que continúa atormentándome y, por supuesto, molestándome. En nombre de Elena y quizás en el del grupo, pido alguna explicación.»

Stefano hace un gesto con las manos que indica que se dejará para el final de la rueda de intervenciones e invita, siempre en silencio, a continuar.

«En nombre del grupo y en el de Carlo confirmo que he copiado y, en buena medida, memorizado el ejercicio. Yo también he extrapolado la llamada fórmula breve, pero su repetición, en mi caso, se ha limitado a algunas horas del día particularmente significativas para mí. Tengo motivos para creer que este ejercicio me será útil para completar un recorrido que ya inicié con el estudio de las religiones orientales.

He pensado un poco en la ficha de Dario y me he preguntado si la autobiografía también describiría los ejercicios y las técnicas de meditación.»

«En nombre de Elisa y del grupo hablo para decir que ya conocía el ejercicio porque he leído todos los libros de Assagioli. De todas formas, lo copié con diligencia y después volví a hacerlo con una buena caligrafía sobre un papel de pergamino. He unido la fórmula breve al ejercicio de yoga del saludo al sol por la mañana y a la oración de bendición del mundo que recito por la noche. He tenido algún amago de reacción en lo que respecta a la mente. Permanecí un poco perpleja y no fui capaz de seguir adelante como quería. Pero quizá no fue justamente así… Lo siento, pero la ficha se me fue por completo de la mente. Yo también espero saber de la autobiografía algunas cosas sobre la meditación. Estoy convencida de que, de todas formas, hay que experimentar continuamente.»

«Tomo la palabra en nombre de Paola y del grupo. En primer lugar, pido disculpas por el retraso debido a la llamada de un paciente ansioso al que he tenido que escuchar con calma. En cuanto al ejercicio, debo confesar que lo he copiado de prisa y sin acabarlo. No he llegado a la fórmula breve. Me he visto angustiada por el hecho de tener que recitarlo cada día y no me ha sido posible estar más atenta; ni siquiera más concentrada. Gracias al grupo podré utilizar la llamada fórmula breve, y ya veremos. En cambio, sí que he pensado en la ficha del caso de Dario, quizá porque me concernía profesionalmente. Creo que como médico me hubiera preguntado otras cosas. Con ello no quiero criticar las novedades que nos ocurren.

Quedé afectada e, incluso, conmovida, por la sufrida respuesta del joven cuando dijo algo así como "me gustaría ser menos infeliz". No me la esperaba y me ha llevado a pensar de una forma distinta. En este momento, está creciendo en mí la esperanza de que la meditación pueda conducir a la felicidad y sea de gran ayuda para quien quiera experimentarla. Sin embargo, me temo y, ahí quisiera equivocarme, que sólo puedan activarse mecanismos de sugestión, hipnóticos o incluso anestesiantes. Espero que esta hipótesis, sufrida quizá por una cierta deformación profesional, la desmientan los hechos. Nunca he deseado tanto equivocarme.»

«Por el grupo y por Riccardo quiero contar algo. He copiado muchas veces el ejercicio. Llegar a la fórmula breve no ha sido fácil. Lo cierto es que fue mi mujer quien lo consiguió. Yo no sabía cómo adaptar el ejercicio a mi personalidad y, como no escondo nada a mi mujer, se lo comenté. Después de algunos días, ella encontró la solución y decidió que también lo haría. Me encantaría pudiera entrar a formar parte de nuestro grupo. Sobre la historia de Dario, es decir, la ficha… A decir verdad, hasta esta noche lo había olvidado. Sin embargo, el ejercicio con la fórmula breve lo repetimos con constancia y placer. Creo que empiezo a comprender algo aunque por ahora no tengo resultados apreciables.»

Con Riccardo se completa la rueda. Todos esperan las palabras del guía, que ha permanecido muy atento y ha tomado nota de todo. Stefano, tras terminar con sus apuntes, entrecierra los ojos. Si se le observa con atención, se aprecia una progresiva concentración, reflejada sobre todo por la inmovilidad de los globos oculares y por un pliegue vertical que surca su frente. Este silencio dura un interminable minuto. Después empieza a hablar en voz baja.

«En nombre del grupo y de Stefano he escuchado y ahora debo comunicar a cada uno de vosotros lo que viene desde lo profundo. En primer lugar, debo decir que no hay que pedir perdón por haber reservado poca atención a la ficha. Es lógico que el mayor interés se haya concentrado en el ejercicio. Ello os ha llevado a hacer una elección, lo que es positivo. Volvamos ahora a las respuestas e intentad ir más allá de mis palabras.

Aldo ha intuido la correcta utilización del ejercicio y si no tiene problemas a causa de su inconstancia, lo conseguirá. La actitud optimista es determinante y casi siempre provoca efectos favorables e incluso cambios radicales. Son fuerzas mágicas, sin duda. Existe una vasta casuística de situaciones que han sido completamente invertidas cuando el individuo ha empezado a transformar sus actitudes y pensamientos negativos en positivos.

Parte de lo dicho puede aplicarse también a Elena, que está consumiendo mucha energía en su intento de explicar la meditación, un método científico en sentido estricto. En este caso no es posible. La desidentificación no puede ser reproducida en un laboratorio como si se tratara de una electrólisis del agua. Y sin embargo existen. La voluntad, el coraje o el miedo no pueden ser pesados ni medidos ni reconstruidos. Pero ¿quién se atrevería a decir que son pura fantasía? Si Elena adoptara la actitud confiada de quien espera un resultado agradable, su irritación desaparecería. Justamente tal estado, definido con más exactitud como una reacción emotiva, demuestra que Elena está unida o identificada con una de sus partes, ya sea el cuerpo, las emociones, la mente o el papel desempeñado, por ejemplo.

El intento de separarse de esta identificación es doloroso, sin duda. Si por ejemplo Elena se hubiera identificado con su cuerpo y alimentara hacia él un auténtico culto, es evidente que sufriría mucho si tuviera que pensar que es sólo una parte necesaria, aunque no definitiva. Esta es la razón de que una aplicación atenta del ejercicio puede sacar a relucir muchos puntos dolorosos. Y si cada vez os preguntáis la razón de ello, podéis llegar a ideas iluminadoras. Este ejercicio es útil para todo el mundo, no sólo para los neuróticos o deprimidos —no es vuestro caso— o para quien quiera mantener su propio papel de víctima a toda costa.

A Carlo le puedo asegurar que avanza por el buen camino y que difícilmente nadie lo podrá detener. A él, y también a Elisa, les aseguro que las técnicas de meditación se les presentarán y que incluso las experimentarán. Sin embargo, debemos recordar que la meditación *es práctica y experiencia* y que estas dos premisas no son escindibles.

Elisa deberá tener presente que la mente es el más perfecto e indispensable instrumento para la meditación, pero que sigue siendo sólo un instrumento. Está más cerca de obtener resultados que los demás, pero todavía queda un largo trecho. Podrá correr el riesgo de verse desbordada cuando menos se lo espere. Sólo es un riesgo, no una certeza, pero existe.

Creo que el eco de los consejos que he dado a Elisa, habrá llegado también a Paola. A menudo, algunas cosas que tenemos que hacer, especialmente los ejercicios, se oponen a algunas defensas de nuestra personalidad. Más o menos conscientemente, tememos que se agrieten nuestras certidumbres y entonces nos apresuramos a levantar muros y a construir trincheras. Esa inteligencia que observo en Paola le permitirá alcanzar la felicidad. Si Paola se prescribiera una terapia adecuada, con fórmulas breves y un comportamiento alegre y optimista en la dosis conveniente, dos o tres veces al día, sin duda podrá escribir un informe sobre los resultados obtenidos e incluso presentarla en un congreso.

A Riccardo le daremos enseguida la respuesta que quiere oír. Su mujer puede entrar en el grupo. Será más útil tenerla aquí que en otro lugar, aunque en cierta forma está siempre unida. Lo importante es que esté seguro de que su mujer quiere realmente formar parte y de que no se trata sólo de curiosidad. Sólo un fuerte deseo y una firme voluntad pueden enfrentarse a la desilusión.

Cuidado con esta palabra, porque quien me diga que está desilusionado, yo le diré que es culpa suya. Deseo y voluntad no son curiosidad e ilusión. Si superamos este escollo, el trabajo de una pareja es útil porque vitaliza la relación y es útil para el grupo porque le inyecta una gran energía. Para Riccardo será una prueba pequeña pero importante: deberá navegar entre los escollos del afecto y de la responsabilidad. Es una navegación difícil, en parte porque es necesario llegar sanos y salvos al puerto. Os deseo un buen viaje.

Ahora, concedámonos una pausa de diez minutos, que pasaremos aquí, sin salir de la sala. Después, escucharemos una parte de la autobiografía de Dario.»

Autobiografía

«Mis padres y el destino quisieron que naciera en un pequeño lugar del valle italiano de Staffora, un pueblo que para encontrarlo se necesita el mapa más grande y detallado que exista. Con esta insatisfacción empieza mi intento de autobiografía. Y en este punto, si no tuviera la tranquilidad conquistada con la meditación y los ejercicios, me sentiría molesto o empezaría a hablar mal de todo y de todos. En cambio, intento al máximo no verme identificado con esas partes de mí que me hacen verlo todo oscuro y sin esperanza. Prosigo.

Tuve una infancia nebulosa, difícil de recordar. Sólo tengo recuerdos aislados: la casa, la misma casa donde he vivido durante treinta años, la tienda donde había de todo, en la confusión y en el desorden más completos. Las figuras de mis padres, en este primer período de mi vida, las recuerdo de una forma extraña, como dos actores que recitan en escenarios distintos.

Recuerdo que mi madre lloraba y se lamentaba siempre, incluso cuando me abrazaba o me reñía. En cambio, mi padre sonreía con frecuencia, al menos así lo conservo en mi memoria. Sin embargo, a decir verdad, lo veía muy poco.

Siempre estaba de viaje, solía regresar los domingos, y no todos. Cuando estaba en casa, me llevaba con él de paseo por el pueblo, me presentaba a sus amigos, me llevaba a pescar y, sobre todo, me contaba muchísimas historias fantásticas. Me relataba sus aventuras por el mundo, en las que él siempre era el protagonista y el ganador. Incluso para una mente infantil como la mía me parecían imposibles. Había de todo: viajes por el mundo, trenes, barcos, aviones y hasta ovnis. Conocía a gente encantadora, hermosa, inteligente y alegre. Todo era bonito y todo terminaba siempre bien. Lo cierto es que me encantaba oírle. De vez en cuando me llevaba al cine y una vez me di cuenta de que una de las aventuras que me explicó mi padre era idéntica a la trama de la película. Estuve un poco desilusionado, pero sólo durante poco tiempo. Pese a todo me gustaba escucharle. Cuando él narraba, yo vivía la escena a través de él y estaba contento. Así recuerdo a mi padre, guapo y lleno de fascinación, como si de un actor se tratara. Una de las tantas veces que mi madre lloraba y se lamentaba con él, recordé haber visto que tenía los ojos cerrados. Pensé que estaría reviviendo alguna de sus aventuras por no escucharla. Incluso lo admiraba por ello. Desde entonces comencé a experimentar una fuerte aversión hacia las personas tristes, hacia aquellas que explican siempre sus propios infortunios.

Sin embargo, un domingo, mi padre no volvió, ni tampoco al siguiente. Mi madre cada vez lloraba más a menudo y algunos vecinos empezaron a mirarme con compasión. De tantas medias palabras comprendí que no había muerto, sino que había huido con otra mujer y que no se sabía adónde había ido a parar. Sentí un profundo e intensísimo dolor, pero me duró poco. Mientras que todos intentaban consolar a mi madre y hablaban mal de él, yo empecé a imaginármelo viajando por el mundo. Con los ojos de la mente, lo veía inmerso en sus fantasiosas aventuras con una nueva compañera, seguramente alegre y sonriente. Esperaba que quizá un día volvería y me lo contaría todo o quizá me lo hubiera encontrado yo cuando hubiera sido más mayor.

No he vuelto a verlo. Su recuerdo siempre ha sido bonito, pero lentamente se fue hundiendo dentro de mí, hasta desvanecerse. Ahora sé que no me abandonó nunca y que siempre estuvo al corriente de mi vida. Lástima que entonces yo no lo supiera.

De este recuerdo, referido más o menos a mis primeros diez años, recuerdo pocas cosas más: la escuela, los deberes, las lamentaciones de mi madre, las mujeres que se detenían a escucharla y salían después sacudiendo la cabeza, el dinero que cuando llegaba me transmitía la noticia de que mi padre aún estaba vivo, la tienda polvorienta. Tengo otro bastante nítido: el de una chica un poco tonta, Elvira, que quería ser mi amiga, aunque yo siempre huía de ella porque también ella se lamentaba siempre y estaba constantemente triste.

Recordaré siempre un domingo por la tarde en la plaza de la iglesia. Éramos un grupo de chicos y estábamos jugando. En una esquina estaba Elvira con un vestido nuevo y un globito que sujetaba en la mano con una goma. En ese momento, un avión pequeño de transporte nos sobrevoló unas cuantas veces a poca altura, casi más bajo que el campanario. Creí ver a un hombre que saltaba y pensé que era mi padre. Podía ser él, podía haber volado tan bajo para verme y saludarme. Una gran emoción me invadía y mi corazón latía con fuerza. Junto con los demás chicos, también me abrazaba y gritaba. Elvira estaba quieta en su rincón con el globito, no miraba el avión y tenía su típica cara triste. Tuve un arrebato de rabia. Corrí hacia ella con la idea de pegarle. Recuerdo que me miraba con ojos grandes y sorprendidos y empezó a sonreír. Con un gesto rápido le arrebaté el globo de la mano y lo dejé escapar. Empezó a subir hacia arriba, hacia el avión que daba vueltas sobre nuestras cabezas. Ella se puso a llorar y yo me escapé corriendo.

Creo que puedo terminar la narración de mi primer decenio de vida con esta imagen. No tardará en volver y en alcanzarme. El resto es una crónica poco importante. Quizá ese día, con aquel vuelo, con ese globo estaba cambiando algo en mi vida, estaba huyendo de mí la felicidad.»

TERCER EJERCICIO:
DESIDENTIFICACIÓN
Y AUTOIDENTIFICACIÓN

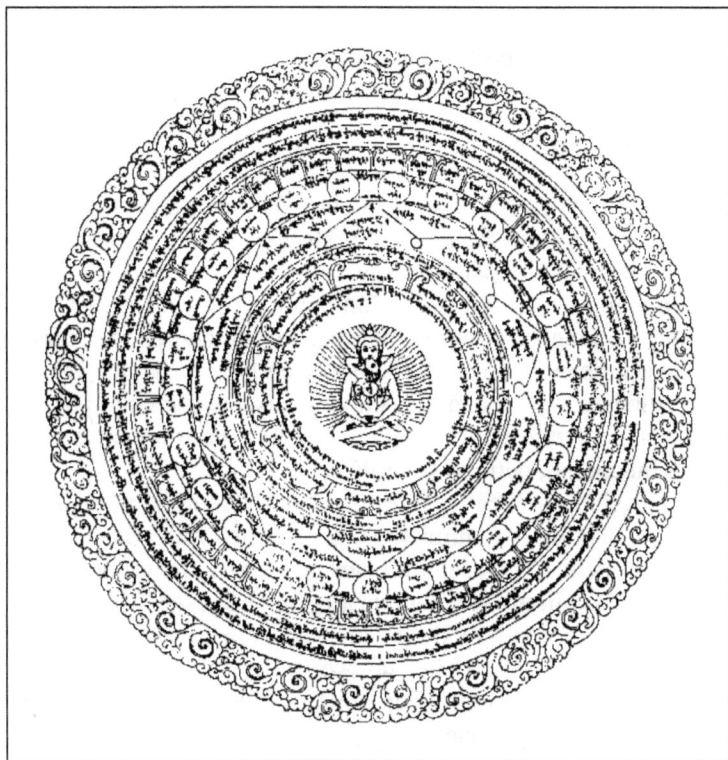

*Mandala que representa al Buda Samantabhadra
rodeado por los mantras*

Dedicatoria

Proceda como en los ejercicios anteriores y repita: **Dedico estos momentos de meditación a desidentificarme y autoidentificarme.**

Preliminares

Adopte la postura habitual.
Relaje su cuerpo, apacigüe sus emociones y cálmese.

Concentración

Inspire, espire y repita mentalmente: **Mi cuerpo está relajado. Mis emociones han desaparecido. Mi mente se ha serenado y liberado de cualquier pensamiento.**

Concéntrese en la respiración ocho veces y afirme mentalmente: **Yo tengo un cuerpo, pero no soy mi cuerpo. Mi cuerpo puede estar sano o enfermo, pero ello no tiene nada que ver con mi verdadero yo. Mi cuerpo es un precioso instrumento para actuar; lo mantengo en un estado saludable, pero no soy yo. Yo tengo un cuerpo, pero no soy mi cuerpo.**

Reflexione acerca de lo que acaba de decir y prosiga: **Yo tengo emociones y sentimientos, pero no soy mis emociones ni mis sentimientos. Los sentimientos pueden oscilar entre el amor y el odio, la calma y la cólera, la alegría y el pesar.**

Puedo comprender y dirigir mis pensamientos y mis emociones; pero está claro que ellos no pueden ser mi verdadero yo.

Yo tengo sentimientos, emociones, pero no soy mis sentimientos ni mis emociones.

Reflexione de nuevo y prosiga: **Yo tengo una mente, pero no soy mi mente. Mi mente tiene contenidos mutables, a veces independientes hasta el punto de no poderlos controlar. Por ello no es mi verdadero yo.**

Yo tengo una mente, pero no soy mi mente.

Concéntrese en la respiración. Inspire y espire ocho veces y afirme: **Después de esta desidentificación de mi cuerpo, de mis sentimientos y emociones, y de mi mente, reconozco y afirmo que:**
— yo soy un centro de pura autoconsciencia;
— yo soy un centro de voluntad;
— soy capaz de observar y dirigir mi cuerpo, mis sentimientos y emociones, mi mente;
— yo soy un centro de pura autoconsciencia y voluntad.

Conclusión

Cuente catorce veces sólo la inspiración, abra los ojos y afirme: **Mi desidentificación y autoidentificación mejoran cada vez más. Yo estoy bien. Estoy mejor que antes. Gracias.**

24 DE NOVIEMBRE
CUARTA CONFERENCIA

A pesar de la insistente lluvia, todos han vuelto a reunirse. Algunos parecen más atentos de lo habitual y hay algo nuevo: un candelabro en el centro de la sala con un cirio. Stefano se abstiene de hablar, mientras que se repiten los gestos habituales, los comportamientos y las palabras necesarias para determinar el alineamiento y la reconstrucción del grupo como entidad operativa. Todo tiene lugar de forma regular y, tras unos minutos de silencio, Stefano empieza a hablar.

«Esta noche haremos ejercicios de concentración. Después, si lo creéis necesario, hablaremos también de vuestros ejercicios y de vuestras reflexiones sobre la primera parte de la autobiografía de Dario. Ahora, empezaremos apagando la lámpara para pasar a encender el cirio que estáis observando con tanto interés. Mientras esta pequeña llama crece en la oscuridad de la sala, intentad acostumbraros a ella. Fijaos cada vez más en la punta de la llama. Empeñaos en resistir, incluso si al principio sentís que os lloran los ojos. No os deis por vencidos, no cedáis: el ligero dolor y el lagrimeo disminuirán a medida que consigáis mantener la mirada fija, sin esperar ningún resultado. Un poco más, y después cada uno de vosotros podrá bajar los párpados y dirigir la mirada hacia un punto colocado en el principio de la nariz, en la frente y entre las cejas. En este caso, también se requiere un pequeño esfuerzo. Es necesario mantener los ojos fijos en el punto que os he indicado. Ayudaos marcando con un dedo la parte referida. Si conseguís resistir el leve dolor y la tensión, empezaréis a advertir alguna sensación. Os parecerá como si percibierais un punto luminoso, un color cambiante o incluso un completo campo negro. Puedo aseguraros que esto no perjudicará en absoluto vuestra vista. Algún autor llega incluso a afirmar que esta práctica incluso puede mejorar la vista y resolver algunos defectos de presbicia, pero de momento no vamos a hablar de eso. Intentad mantener la concentración en lo que estáis viendo o en lo que no veis. Quedaos en ese punto. No os preocupéis de ver, de reconocer, de clasificar, de pensar o de dar forma. Tan sólo observad y esperad con confianza y sin prisa. Lo más

Vajrocana, uno de los cinco Budas de la contemplación

importante de todo es que los ojos permanezcan inmóviles. Si la mente empieza a ser surcada por pensamientos imprevistos intentad no seguirlos, no les prestéis atención, no les deis energía. Concentraos en la respiración. Contad las inspiraciones y veréis cómo se disuelven. Estad atentos, sólo atentos y concentrados en el punto que hemos fijado. Dejemos transcurrir unos minutos, escuchando la música tenue y suave que estoy poniendo. Quedad a la espera. Cuando termine la música podréis volver a abrir los ojos. Es una ocasión para desafiar a la prisa y descubrir la paciencia.»

Después de unos cinco minutos, la cinta que había preparado Stefano —música para flauta travesera— se detiene, mientras que él, con el interruptor, hace aumentar de forma progresiva la iluminación de la sala, sin llegar a la potencia máxima.

«Ahora podemos escuchar al grupo, pero antes empezaremos a escucharnos a nosotros mismos. Nos preguntaremos si la intervención que cada cual quiere hacer es realmente necesaria. A esta pregunta deberemos respondernos con absoluta sinceridad, alejando cualquier impulso o interés superficial. De esta forma, evitaremos las palabras forzadas.

Primero teníamos que habituarnos a participar, pero ahora es muy importante comprender también el valor del silencio. Dando a las palabras su peso real, evitaremos intervenir sólo para no ser menos que los demás.

Podemos empezar con algún problema personal. Por ejemplo, Riccardo puede explicarnos si su mujer entrará a formar parte del grupo. Podremos ver cuánto y cómo ha crecido la "consciencia del grupo". Ahora reflexionemos con palabras y no con imágenes, y sin prisa iniciaremos nuestra comunicación.»

Casi todos los ojos se clavan en Riccardo, obligado a responder.

«En lo que se refiere a mi mujer, hemos decidido pensarlo un poco más, al menos hasta la próxima reunión. Queremos estar seguros de que no se trata sólo de curiosidad o de un simple deseo, sobre todo por mi parte, de quererlo compartir todo por costumbre.»

El grupo queda en silencio, si bien visiblemente turbado por el nuevo comportamiento exigido. Incluso se desprende un poco de nerviosismo de las palabras de Elena: «Lo siento… siento ser casi siempre yo quien hace objeciones y plantea dudas. Quizá debería reflexionar más e intentar estar un poco más en función del grupo… Pero mi problema me pesa. Ha sido duro practicar los ejercicios de desidentificación y hubiera querido sentir qué les sucedió a los demás para poder comparar. No obstante, con esta nueva regla de hablar sólo si es necesario, todos se quedan silenciosos pensando y valorando, lo cual, además de ponerme nerviosa, me induce a preguntar si realmente tiene sentido lo que estamos haciendo.»

Silencio. Después de un largo minuto Carlo solicita la palabra: «Quisiera que Elena se formulara la pregunta a sí misma. Quisiera que se preguntara si este nuevo modo de comportarse del grupo tiene sentido.»

«Creo que sí, ahora creo que sí. Que tiene sentido. Qué raro. Parece como si pensara con otra cabeza.»

Stefano considera oportuno intervenir:

«Aquí hay que prestar atención, mucha atención a lo que ha sucedido, a la experiencia que acabamos de vivir. Elena ha estado turbada por la novedad. Pero, mientras hablaba de ello al grupo, inconscientemente, ha puesto en marcha un modo de pensar distinto, y esto se debe a que la energía de nuestro pensamiento ha empezado a funcionar de otra manera.

A su vez Carlo, que además de formar parte del grupo, también es el marido de Elena, ha intuido que era necesario intervenir con una pregunta para animar la charla. Habréis notado además, que, antes de que hubiera terminado de hablar, Elena ya había mostrado haber experimentado el cambio y ver las cosas de una forma distinta. Lo que al principio le parecía un comportamiento sin sentido, adquirió en ese momento un nuevo significado. Este es un clarísimo ejemplo de trabajo de grupo, de cómo se articula a través de sus miembros. Intentemos no olvidar esta experiencia.»

Siguen algunas breves y concisas intervenciones sobre la concentración, sobre la dificultad de mantener los ojos cerrados, sobre los diversos colores que de improvisto aparecen delante del ojo interior de la frente. Pero Stefano considera oportuno frenar los entusiasmos.

«No hay que olvidar que se trata de una técnica. Tengamos en cuenta que los efectos de color y los puntos luminosos son y continúan siendo sólo físicos y no cedemos a las imaginaciones, nos damos cuenta de que no son algo real, pero en cambio pueden facilitar, y mucho, la concentración. Las visiones que verdaderamente esperamos no deben y no pueden, repito, no deben y no pueden ser vistas con los ojos del cuerpo. Por ello, no hay que ver con ellos, sino con el que llamamos "tercer ojo". Si insistimos en intentar ver imágenes o signos alrededor de ese punto no haremos nada más que perder el tiempo y nuestras expectativas se verán cada vez más frustradas. La visualización es algo que no se aprecia con la vista humana. Es importantísimo saber que no hay que abandonarse a la imaginación. La meditación está hecha de pequeñas y fatigantes conquistas y no existe espacio para los milagros.»

Algún signo de mal humor atraviesa el grupo y varias personas vuelven a fijarse en la llama de la vela. Stefano no abandona su papel de guía y continúa dando sugerencias técnicas al grupo para evitar los errores más comunes. Insiste en que cada cual se concentre en su propia experiencia. De Elisa llega la narración del primer descubrimiento.

«He notado algo interesante. Entrecierro los ojos, en lugar de cerrarlos por completo. Me resulta más fácil mantenerlos fijos, así como percibir el punto luminoso. Creo que se debe a un defecto de la retina, pero no importa. Me gusta que así pueda tener la mente quieta, como si durante un breve tiempo no circulara el pensamiento. Quizá sea esto lo que se llama vacío.»

«Yo también, —añade Aldo— he llegado al mismo resultado y puedo decir que, mientras la mente parece estar en el vacío, percibo claramente los latidos de mi corazón, incluso me parece estar fuera de mí, muy lejos. Todo esto me da una sensación difícil de explicar.»

A continuación se multiplican los intentos y crecen los intercambios de experiencias. Paola y Riccardo tienen ligeras dificultades que les ponen muy nerviosos, pero Stefano interviene y consigue hacerles superar las típicas objeciones. «No lo conseguiré nunca», «no valgo para esto», «tendría que cambiar mi modo de pensar» y otras frases por el estilo se han convertido en palabras huecas, sin sentido. Vuelve a insistir para hacerles continuar con la experiencia, para que lo intenten una y otra vez hasta que consigan un resultado, aunque sea mínimo. Después añade:

«Hemos conseguido obtener algo y esto ya es un buen resultado porque crea un punto inmóvil. Recordemos que aún estamos en los albores de la concentración. La meditación es otro tema y viene después. Con la concentración conseguimos detener la mente, con la meditación la haremos trabajar.

Para poner un ejemplo podemos pensar en un caballo salvaje al que, en primer lugar, conseguimos echarle el lazo y mantenerlo quieto, después conseguimos ponerle la silla y obligarle a hacer lo que queremos, aunque no será fácil. Practiquemos estos ejercicios de concentración con la mayor frecuencia posible. Partiremos de objetos anodinos para pasar a otros cada vez más pequeños, hasta llegar a las imágenes y a las sensaciones. Cuando consigamos detener un pensamiento agradable, nos recrearemos en él. En ese momento experimentaremos una gran felicidad.

Sólo será nuestra y nada ni nadie podrá sustraérnosla. No dejaremos practicar; recordemos siempre que todo comienza en la concentración.»

Stefano cambia de expresión y, con la carpeta en la mano, se acerca al atril y empieza a leer la segunda parte de la autobiografía de Dario.

Autobiografía (segunda parte)

«Sobre el segundo decenio de mi vida hay poco que decir. Los años pasaron muy de prisa, en parte porque yo siempre estaba dibujando ese fantástico futuro e imaginándome cada vez más aventuras. A menudo me decía a mí mismo: "Seré feliz cuando me vaya de aquí, cuando tenga un trabajo, cuando tenga un amor, cuando gane dinero, cuando viaje, cuando viva mis aventuras, cuando... cuando." Pocas de estas cosas se realizaron e incluso se ha dado la ocasión de que me he dado cuenta de que no era feliz, sino que deseaba tener más. Tenía un hambre insaciable, de lobo que busca alimento desesperada y vorazmente. Esta reflexión mía, es fruto de estados de consciencia posteriores. Entonces tan sólo era un lobo ávido y desesperado.

En esta segunda parte de mi vida y de mi historia la escuela tuvo un peso importante. Durante muchas horas podía estar alejado del pueblo, de la tienda y de mi madre. Durante muchas horas podía aislarme en el estudio y esto me era de gran utilidad cuando empezaban sus lamentos, sus largas enumeraciones de pesares, de los errores de mi padre, de los sacrificios que hacía por mí, de todo lo que yo hubiera tenido que hacer para reconocérselo. En general, le escuchaba un poco y solía refugiarme en mi habitación para estudiar.

Allí estaba a salvo de los problemas que, en cualquier otro lugar, no me hubiera sido posible resolver porque casi todos pertenecían al pasado.

En ninguna de las escuelas e institutos en los que estuve encontré un buen ambiente. Todos estaban en una pequeña ciudad, relativamente cercana. De todas formas, yo siempre era el chico que llegaba del valle con el autobús, de ese triste pueblo sobre el que todo el mundo siempre tenía algo que decir con sarcasmo. Quizá por ello no hice ninguna amistad. Quizá porque no tenía dinero, quizá porque procedía del campo, quizá porque tenía miedo, quizá porque vivía en mi mundo fantástico, quizá porque no tenía padre, quizá... quizá... Podría continuar enumerando muchos otros quizá, sin encontrar la respuesta.

No me encontraba entre los primeros, pero tampoco entre los últimos. Incluso sin destacar, siempre conseguía aprobarlo todo en junio. No hubiera podido pagarme clases privadas de recuperación. Mis maestros aceptaban mi trabajo y estaban contentos con mi buen comportamiento. En resumidas cuentas, tampoco me relacionaba demasiado con ellos.

Sin embargo, había una persona que me impresionó positivamente y a la que escuchaba con placer: el profesor Stefano. Aún recuerdo sus clases e incluso sus palabras. Cuando le escuchaba estaba completamente presente, no me perdía ni un ápice en mi acostumbrada imaginación. A veces, tenía la impresión de que sólo me hablaba a mí. Hoy, después de haber trabajado con él, comprendo realmente qué había en sus palabras, qué mensajes, qué indicaciones, qué ánimos daba para vivir una existencia hermosa y feliz.

Sin embargo, en aquel entonces comprendía muy pocas cosas y no conseguía ir más allá de lo que decía y de lo que encontré en los libros. Estaba fascinado con su tono de voz, por el sonido de sus palabras o quizá por su personalidad. Sé que para estudiar sus asignaturas me hubiera quedado sin dormir y sin comer. Durante mucho tiempo, imaginé la conversación que me hubiera gustado tener con él al final de la clase. Sin embargo, cuando llegaba el momento de hacerlo no se daban nunca las condiciones idóneas y, sobre todo, no hubiera tenido nunca el valor de hablar. Su discurso de despedida a la clase me conmovió mucho y utilicé ese estado de desconcierto como excusa para quedarme callado. Pero, no le perdí nunca de vista. Siempre me mantuve informado sobre él. Supe que se retiraba anticipadamente y que cambió de domicilio. Le escribí varias cartas que no llegué a enviar nunca, pero tampoco las destruí.

Entretanto pasaron unos catorce años. Creo que no puedo recordar otros hechos importantes. Conseguí salvarme de hacer el servicio militar, siempre para agradar a mi madre, que con ese fin había puesto en movimiento a un buen número de personajes políticos y eclesiásticos. Sin embargo, me arrepentí pronto de haber perdido una buena ocasión para alejarme de casa. Sin duda era una condena para quedarme en el lugar y en la situación más desagradables para mí. Esa noche me emborraché por primera vez. Cuando al día siguiente me desperté con dolor de cabeza pensé que una vez más la felicidad había escapado de mis manos y que yo me había quedado a verla desaparecer como el globo de la pequeña Elvira.»

Stefano se detiene, recoge los folios, cierra la carpeta y añade:
«Esta segunda parte es bastante breve, pero ya aparecen algunos datos interesantes que pueden explicar muchos de los problemas que después determinarán la vida de Dario. Si la comparamos con la primera, veremos que esta es mucho más completa. Ello se debe a que prefiere hablar de hechos lejanos o muy cercanos, mientras que los períodos intermedios quedan muy velados.

Creo que conviene que nos fijemos en lo que dice Dario sobre la felicidad. Habréis notado que es totalmente opuesta a la de tener. El hecho de poseer algo, además de ser breve y efímero, no es nunca suficiente para crear en nosotros esas sensaciones agradables que nos ayudarán a mejorar nuestra vida. Es más importante **ser** que **tener**.

Por ejemplo, la generosidad nos provoca una sensación agradable. Dar sin pensar en la posible recompensa nos hace más felices. De ahí que desde el principio haya hablado siempre de la idea de servicio.

Además, me he dado cuenta de que estas sensaciones no pueden proceder de los demás. Si yo hago o doy algo a una persona, si me porto bien y no espero nada a cambio, ni tan sólo unas palabras de agradecimiento, y si soy consciente de lo que he hecho y sé que no hay nada reprobable en ello, esos instantes serán mucho más plenos, intensos y placenteros.

Si fijo en mi mente esta experiencia, colocaré la primera piedra para la construcción de mi felicidad. Y será obra mía, nadie podrá crearla en mi lugar ni destruirla si yo no lo deseo.

Os ruego que reflexionéis. Estas escasas palabras son las primeras indicaciones, el resto del camino deberá ser obra vuestra. De otra forma, todo será inútil. Es preciso que comencéis a practicar. Buscad en vuestro pasado algún momento similar al que he descrito. Intentadlo. Comenzad a meditar.

Os daré un ejercicio, además de los que ya habéis realizado individualmente y de los que, de común acuerdo, ya no hablamos. Después de concentraros y de haberos desidentificado, buscad en vuestro pasado cercano o remoto alguna situación en la que os hayáis sentido bien. Volved a pensar en ella, a revivirla… Forma parte completamente de vosotros.

Tomad nota de todo lo que os parece útil y reflexionad en ello… La próxima vez hablaremos de lo que ha ocurrido.»

CUARTO EJERCICIO:
CONCENTRACIÓN Y MEDITACIÓN

Mandala que representa la montaña cósmica

Dedicatoria

Al igual que en los ejercicios anteriores, diga: **Dedico estos momentos al ejercicio de la concentración y de la meditación.**

Preliminares

Adopte la posición habitual. Relaje su cuerpo, apacigüe sus emociones y serénese. Inspire, espire y repita mentalmente: **Mi cuerpo está relajado. Mis emociones están tranquilizadas. Mi mente se ha serenado y liberado de cualquier pensamiento.**

Desidentificación y autoidentificación

Concéntrese en la respiración, inspirando y espirando ocho veces y practique el ejercicio breve de desidentificación afirmando: **Yo tengo un cuerpo, pero no soy mi cuerpo. Yo tengo sentimientos y emociones, pero no soy mis emociones ni mis sentimientos. Yo tengo una mente, pero no soy mi mente.**

Realice inmediatamente después el ejercicio breve de autoidentificación afirmando: **Yo soy un centro de pura autoconsciencia y voluntad.**

Pronuncie ahora el mantra del ego: **Más radiante que el sol. Más puro que la nieve. Más sutil que el éter es el ego. El espíritu dentro de mí. Yo soy el ego. El ego está en mí.**

Concentración

Siga atentamente el ritmo de su respiración. Inspire y espire ocho veces seguidas y comience a concentrarse siguiendo uno de los dos métodos citados a continuación:

— fije la mirada en un punto exterior y cuente hacia atrás de 100 a 1;

— baje los párpados, levante los ojos hacia las cejas y cuente hacia atrás de 100 a 1.

Meditación

Al llegar a 1, diga mentalmente: **Ahora paso a meditar.**
Permanezca unos minutos atento observando qué pensamientos le asaltan. Obsérvelos, reconózcalos y aléjelos.
Intente dejar de pensar.

Conclusión

Cuente sus inspiraciones catorce veces.
Abra los ojos y afirme: **Mi concentración mejora. Mi meditación avanza. Estoy bien. Estoy mejor que antes. Gracias.**

9 DE DICIEMBRE
QUINTA CONFERENCIA

«Esta noche me duele un poco la cabeza», comenta Stefano y, después de una pausa, prosigue—: «Las operaciones de alineamiento del grupo puede dirigirlas cualquiera de vosotros. ¿Hay algún voluntario?»

Se produce un momento de inquietud y silencio. Algunas miradas fugaces, y finalmente se levantan dos manos: Aldo y Elisa.

Stefano pregunta: «¿Quién de vosotros está más interesado en esta experiencia?»

Aldo responde de inmediato: «Creo que la dirección del grupo es indispensable para completar mi madurez. Estoy convencido de que enseñando algo se aprende mejor y que la experiencia de conducir el grupo es muy útil para el propio conductor».

«Yo creo lo mismo», añade Elisa, «pero debo confesar que no he pensado demasiado en ello. Más bien se trata de mi habitual curiosidad. Creo que Aldo debería conducirlo. Yo esperaré a la próxima ocasión.»

«Antes de que Aldo empiece —interrumpe Stefano—, fijaos cómo el grupo sabe autorregularse y tomar las decisiones oportunas. Es tu turno, Aldo».

Aldo aclara la voz y empieza:

«Adoptemos una posición fuerte y cómoda. La columna vertebral recta, la cabeza ligeramente inclinada hacia delante, los ojos semicerrados o cerrados y dirigidos hacia un punto central del suelo situado frente a nosotros.

Ahora concentrémonos en la respiración. Sigamos mentalmente nuestra inspiración y nuestra espiración.

Pensemos en este suave movimiento pendular: Inspirar… espirar… inspirar… espirar… Nada más… Durante unos minutos.

Ahora pasaremos a relajar nuestro cuerpo. Empezamos por la parte más alta de la cabeza y vamos bajando al rostro... a la nuca... Eliminamos la tensión de las mandíbulas dejando entre ellas el espacio para un grano de arroz. Aflojamos el cuello y la garganta. Pasamos a los hombros, a los brazos y las manos. Sentimos un cálido fluido energético que desciende desde la cabeza hasta la punta de los dedos. Llegamos al pecho, la espalda, la cintura y el diafragma. Estamos ya en el vientre, los glúteos, las piernas y, por fin, los pies. Volvemos a sentir cómo la corriente de energía atraviesa todo nuestro cuerpo hasta llegar a la punta de los dedos de los pies y se descarga en el suelo.

Repetimos mentalmente varias veces "mi cuerpo está relajado" y afirmamos "yo tengo un cuerpo, pero no soy mi cuerpo".

Ahora, concentramos la atención en nuestras emociones para calmarlas e imaginamos un lago alpino, pequeño, que cada vez está mas tranquilo, limpio e inmóvil.

Repetimos mentalmente varias veces "estoy tranquilo" y afirmamos "yo tengo emociones, pero no soy mis emociones". A continuación, pasamos a serenar nuestra mente y pensamos en un cielo azul con alguna pequeña nube que se aleja y desaparece. Estas nubes son nuestros pensamientos fugaces. El cielo está cada vez más limpio.

Repetimos mentalmente varias veces "mi mente está serena, está libre de cualquier pensamiento". También afirmamos "yo tengo una mente, pero no soy mi mente".

Y concluimos diciendo "yo soy un centro de pura autoconsciencia y voluntad".

También repetimos "tras haber alcanzado este estado de relajación del cuerpo, de las emociones, y la desidentificación de la mente, tengo plena consciencia de mi yo".

A continuación, elevamos nuestra consciencia hacia el punto luminoso que se encuentra sobre nuestra cabeza, nuestro ego, y visualizamos el conjunto de nuestros puntos luminosos, el ego de nuestro grupo.

A continuación llevamos las manos al pecho e intentamos percibir el latido de nuestro corazón y nuestra energía. El grupo está unido, está enlazado… Toma su luz del ego. Tiene su propio latido del corazón. Este grupo es ya una unidad viva.

En este momento, y sin prisas, volvemos al estado anterior y todos juntos nos preparamos para nuestro trabajo.»

En cuanto están todos listos, Stefano interviene:

«Creo que es necesario comentar que Aldo ha dirigido de manera excelente el ejercicio en su forma completa. Es muy útil realizarlo así varias veces e incluso grabarlo y volverlo a escuchar y memorizar. También en este caso, es posible llegar a fórmulas abreviadas, sobre todo, en lo que respecta al alineamiento individual, que debería ser cotidiano. En dicho caso, puede decirse:

— relajo mi cuerpo y me desidentifico del mismo;
— tranquilizo mis emociones y me desidentifico de ellas;
— sereno mi mente y me desidentifico, liberándola de cualquier pensamiento.

La lenta y consciente repetición de esta fórmula abreviada nos lleva al mismo resultado de alineamiento, pero sólo si el ejercicio precedente se ha memorizado bien.

Por memorizar se entiende algo que va más allá del simple recuerdo de lo que hemos oído o leído: es saber cuáles son las situaciones físicas, emotivas y mentales que han determinado la experiencia.

Se trata de algo parecido a los reflejos. Pensemos, por ejemplo, en cómo se conduce un coche. Después de aprender a cambiar las marchas, a frenar, no hay más que pensar en lo que debe hacerse. Las manos y los pies se mueven casi automáticamente.

Sin embargo, volvamos a nuestro trabajo de grupo y escu-

chemos qué debe decirse sobre la segunda parte de la autobiografía o sobre los ejercicios de concentración.»

Elisa toma la palabra rápidamente:

«Tengo poco o nada que decir sobre la autobiografía, porque a mí, sobre todo, me interesa saber de qué forma utilizará Dario la meditación. De momento, es una narración hecha por alguien que está cambiando y a mí me interesan más los instrumentos que los resultados. Creo que conociéndolos bien podré poner en marcha mi proceso y desarrollar mis experiencias. Pero quiero precisar que, aun así, me interesa ese "algo" que pueda ayudarme a desarrollar mi propio trabajo. Intentaré explicarme mejor.

No me interesa demasiado conocer una técnica completa y aplicarla al pie de la letra. Es posible que no suceda nada por seguir detenidamente el texto. Sin embargo, puede bastar una sola palabra para evocar, para despertar mi experiencia personal. No sé si he conseguido explicarme. De todas formas, lo mismo digo para la concentración. El hecho de repetir una serie de fórmulas puede no dar ningún resultado, mientras que una palabra o un matiz, puede llevarme a otro estado de ánimo o de consciencia, y mejorar mi vida. Espero haberme explicado.»

«Quisiera precisar algo, —interviene Stefano—, pero es mejor esperar a que todos hayan hablado. Después os contaré una anécdota, que antes explicó Tolstoi, y que nos ayudará a comprender lo que ha dicho Elisa».

Transcurren unos minutos de silencio y Carlo se decide a intervenir: «Para mí, la autobiografía también es analizada como lo que es. Dario ve su vida pasada con otros ojos porque ha experimentado diversas vivencias y ha aplicado unas técnicas capaces de modificar la consciencia y el comportamiento. Casi nadie decide escribir su propia biografía si no tiene la necesidad de hacerlo. Ya veremos.

En cambio, encuentro más sugerentes las técnicas de concentración , así como la idea de provocar "pensamientos agradables" útiles para producir felicidad. He constatado que cuando reflexiono, casi siempre acabo por rememorar el pasado o desarrollar mis proyectos de futuro. Al menos para mí, se me hace difícil permanecer en el presente, excepto si me esfuerzo. Por ello me he convencido de que, para tener pensamientos agradables, hay que ser creativo y no remover el pasado ni tener fantasías sobre un hipotético futuro. Dicho de otro modo, es necesario pensar bien. Me parece que la meditación está muy cerca de esa idea.»

Las intervenciones del resto de miembros no añaden demasiado.

Riccardo pregunta: «¿Cuándo empezamos a meditar juntos?» Todos se suman con notable entusiasmo.

Stefano, que se siente interrogado, responde:

«Falta poco para el inicio del ejercicio en grupo. Pronto llegará, es posible que sea hoy mismo. El hecho de que haya dejado pasar el tiempo, tiene una explicación. Como ya hemos dicho, la meditación es una escalada lenta y progresiva, que requiere una buena preparación y la impaciencia, o peor, la prisa no son buenas compañeras.

Carlo tiene razón al decir que la meditación también significa "pensar bien" y que, justamente, pensar no es fácil. Quisiera comentar esta idea un poco más. Existen muchos, muchísimos tipos de meditación y otros tantos métodos. Ninguno de ellos, incluso si es aplicado en su globalidad y con las mejores intenciones, consigue siempre resultados seguros. La meditación debe ser vuestra. Después de aprender, después de haber practicado, después de comprender, es indispensable que la realicéis siguiendo vuestro propio método, único y personal.

Este, si es aplicado con comprensión, constancia y conciencia, recordad siempre estas tres C, dará los mejores resultados.

Lo que os estoy diciendo, lo que leeréis o escucharéis de otras personas os servirá para preparar el terreno. Incluso puede llegar a germinar, pero el desarrollo dependerá de vosotros. Se trata de un trabajo individual. Cada cual debe hacerlo, en su interior y para sí mismo. Recordadlo bien.»

Se completa la rueda con algunas preguntas y observaciones de poco interés.

Stefano, al final, se acerca al atril y empieza a leer la tercera parte de la autobiografía.

Autobiografía (tercera parte)

«Había previsto organizar este escrito en períodos de diez años. Pero esta tercera parte también incluirá el cuarto decenio de mi vida. Tras terminar la escuela y después de haberme librado del servicio militar, pasé unos años tan malos que prefiero no recordar sus detalles. Creo que ha sido el peor período de mi vida, entre otras cosas porque no sucedió nada importante o digno de ser mencionado. La tienda, el pueblo, mi madre y un grupo de necios con los que pasaba los fines de semana corriendo de un pueblo a otro a la caza de chicas fáciles. Después la mayoría de las veces, acababa buscando la compañía de prostitutas, para terminar la noche con solemnes borracheras yendo de bar en bar y con locas carreras en coche. Cada lunes se repetían la resaca, la tristeza y las inútiles promesas que hacía a mi madre y a mí mismo de terminar con este tipo de vida. Sólo mucho tiempo después, comprendí que me veía obligado a liberarme de la realidad de esa forma, porque hubiera sido mucho peor quedarme a solas conmigo mismo.

A pesar de que dedicara poco tiempo a ella, la tienda funcionaba bien y me permitía disponer de dinero, tener una moto e incluso un coche. En mi vida también apareció de forma repentina una chica bonita. Nuestra relación había empezado hacía aproxi-

madamente un año y hubiera seguido adelante si ella, de improviso, no hubiera decidido prometerse con un banquero. Me sentía muy mal y le pedí alguna explicación. Sin embargo, sin mostrar ninguna duda y de una forma bastante seca, ella me había liquidado con una afirmación inequívoca: "Él es más de fiar que tú. No siento nada por ti. Es posible que todo no haya sido más que un error. Dejarte es mejor para los dos".

Me consolé con otras borracheras y con la compañía de alguna "profesional" que seguramente sabía fingir mejor y que no pretendía nada más que ganarse unas monedas. Sin embargo, cada vez me sentía más desesperado y sucio. Es muy amargo explicar este período de mi existencia, aún sufro y son muchas las cosas que todavía no consigo comprender. No obstante, prefiero intentar ser sincero y no recurrir a los juegos de palabras.

De vez en cuando, Elvira seguía viniendo a la tienda y hacía todo lo posible para establecer alguna relación conmigo. Siempre era amable, pero yo sentía hacia ella una extraña sensación de irritación. Sus palabras eran dulces, pero su comportamiento serio y sumiso provocaban en mí una terrible rabia y a veces, incluso, agresividad. Por todo ello no podía ser agradable con ella.

Ni siquiera los consejos de mi madre me llegaban. La escuchaba en silencio y mi mente vagabundeaba por otros lugares. Siempre encontraba nuevas escapatorias y ocasiones para evitarla. A veces, incluso hoy, me pregunto si alguna vez la escuché realmente. Si alguna vez comprendí lo que estaba diciéndome. Quizá alguna vez incluso dijera cosas importantes. Pero yo estaba demasiado ocupado en no escucharla. La única cosa que me impidió envilecerme aún más es la certeza de que nada, nada, podría nunca cambiar mi pasado. Me consuelo con la constatación de este hecho inevitable.

Había en el pueblo una persona que, cosa insólita, me interesaba. Se llamaba Giovanni, pero para todos era "el loco". Lo llamaban así porque vivía solo en una casa aislada, porque tocaba la guitarra, porque cantaba a la luna y hacía extraños discursos sobre una próxima visita de criaturas extraterrestres.

A veces decía que ya habían llegado y que estaban entre nosotros, invisibles; pero él los veía y se comunicaba con ellos. Yo le escuchaba con gusto y, cuando no hablaba de los alienígenas, me agradaba conversar con él. Sobre todo, me fascinaban las aventuras de su vida de marinero. Siempre escuché con placer cualquier historia y siempre deseé poder narrarlas yo mismo un día.

Tenía treinta y dos años cuando un día llegó al pueblo una mujer extraña: Zaira. Vivía en una casa aislada, cerca de la de Giovanni. Por su manera de vestir parecía una gitana rica o una aventurera. Era extranjera y muy guapa, de una belleza extraña, casi demoníaca. En el pueblo se decía que era peligrosa, que podía ser una bruja, que de noche llegaba a su casa un hombre y desaparecía antes del alba. Cuanto más hablaban de ella, más maravillado estaba.

Un día, me la encontré en la tienda. No oí que la puerta se abriera. Tuve un sobresalto antes de perderme en sus ojos llameantes. El corazón me latía con fuerza y las palabras se resistían a salir. De forma muy torpe conseguí preguntarle qué buscaba y la observé salir sin girarse, diciendo: "Hasta luego… Adiós."

Al cabo de unos minutos me di cuenta de que se había olvidado uno de sus pendientes en el mostrador. Por la noche, corrí a devolvérselo. Me acogió con cordialidad, me preguntó si quería tomar algo. No hablamos demasiado, pero ese poco bastó para desencadenar mi fantasía.

Ese día empezó mi tormento. Volvió a la tienda otras veces, creando siempre la ocasión para después obligarme a ir a verla. Yo estaba completamente fascinado por esa mujer. Para mí, encarnaba todos los sueños de mi vida. Escuchaba sus historias, tenía tantas para contar, y continuaba pensando en ellas en los días siguientes. Estaba atraído por su cuerpo, pero ante todo era el misterio que la rodeaba lo que me fascinaba. A menudo, pensaba que hacíamos el amor, pero sobre todo que podía vivir con ella las más fantásticas aventuras, la vida que hubiera querido llevar y que soñaba desde cuando era niño. Sus historias eran la continuación de los viajes de mi padre y las locas explicaciones de Giovanni. Le hablaba de mí, de mis sueños, de lo que me gustaría hacer. Ella me escuchaba y me animaba siempre. Decía que mis deseos se harían realidad y que me convertiría en escritor.

Su presencia me excitaba notablemente, pero entre nosotros no existía ninguna relación física. Ella decía que no era el momento y yo me había acostumbrado a ello y no insistía. Ni lo insinuaba.

A mí me bastaba estar con ella y escucharla, con beber sus extrañas pócimas, con respirar el humo de sus inciensos.

Pero un día, mejor dicho, una noche, desapareció. Sin dejar huella, una nota, unas palabras. La busqué desesperadamente por todos los lugares posibles. Nada.

Volví a mi mundo gris, me hundía cada vez más y empecé a beber y a fumar mucho más que antes. Al cabo de poco tiempo, una semana quizá, volvió a aparecer Elvira. Vino a la tienda, cada vez más dulce y sumisa. Volvió otras veces, intentaba ser discreta y precavida. Me convenció para que fuera a verla sólo para hablar, para desfogar mi resentimiento. Volví a verla varias veces y ella me escuchaba con paciencia, sin ganas de entrometerse, encontrando siempre las palabras más idóneas. Una vez, casi por casualidad, tuvimos una relación física. Fue casi violenta, pero ella me acogió con la máxima sumisión. Era su primera vez. No hubo ninguna más.

Ella nunca hizo la menor referencia a este episodio. Por mi parte, había un cierto remordimiento, un vago deseo de hacer algo justo, al menos una vez en la vida, a pesar de que la imagen de Zaira continuaba dominándome como antes, si no más.

En este doloroso dilema se detiene la tercera parte de mi autobiografía.»

Stefano vuelve a su lugar. Unos minutos de reflexión. Después, enciende la vela situada en el centro de la habitación y empieza a hablar:

«Fijemos nuestra mirada en lallama. Entrecerremos los párpados y fijemos los ojos en el inicio de la nariz, entre las cejas. Concentrémonos en este punto. Entretanto, repetiremos mentalmente: "Mi cuerpo está relajado. Mis emociones se han calmado.

Mi mente está serena y libre de cualquier pensamiento". Mantenemos la mirada fija en el mismo punto y nos concentramos en la respiración, en nuestra respiración: inspirar... espirar... inspirar... espirar. Ahora planteémonos con determinación la pregunta: "¿Cuál es la finalidad de mi vida?"

Vajrasattva o Buda de la Alegría Perfecta

Repetimos varias veces, lentamente, esta pregunta intentando penetrar en lo más profundo de su significado. Reflexionamos durante cinco minutos. Pensamos, pensamos por palabras, evitando evocar imágenes. Si nos damos cuenta de que nos estamos distrayendo concentramos la atención en la respiración y repetimos otra vez la pregunta, lentamente: "¿Cuál es la finalidad de mi vida?"

El sonido de esta campanilla marca el inicio de esta meditación y nos avisará de que han transcurrido los cinco minutos.»

Un breve tintineo de campanilla interrumpe el absoluto silencio y Stefano añade:

«Recordemos, memoricemos los resultados, incluso si son pequeños y parciales, de esta meditación. Si en los próximos días, soñamos algo que nos parezca significativo, lo añadiremos.

Intentemos meditar sobre esta pregunta y volvamos a planteárnosla varias veces. Tomamos nota y memoricémosla bien.

La próxima vez discutiremos en grupo tanto el proceso meditativo como los resultados e intentaremos comprender la parte simbólica que llegará del inconsciente. También os contaré la anécdota de Tolstoi, tal como os he prometido.»

QUINTO EJERCICIO:
MEDITACIÓN CON PENSAMIENTO-SEMILLA

Dedicatoria

Inclínese como en los ejercicios anteriores y diga: **Dedico estos momentos a concentrarme y meditar sobre un pensamiento-semilla.**

Preliminares

Adopte la posición habitual. Relaje su cuerpo, tranquilícese, serene la mente.

Inspire, espire y repita mentalmente: **Mi cuerpo está relajado. Estoy tranquilo. Mi mente está serena y libre de cualquier pensamiento.**

Concentración

Siga atentamente el ritmo de su respiración. Inspire y espire ocho veces seguidas y repita:
— **yo tengo un cuerpo, pero no soy mi cuerpo;**
— **yo tengo emociones y sentimientos, pero no soy mis emociones ni mis sentimientos;**
— **yo tengo una mente, pero no soy mi mente;**
— **después de haberme desidentificado de la personalidad y autoidentificado en mi ego, pronuncio el mantra: Más radiante que el sol... más puro que la nieve... más sutil que el éter y el ego... el espíritu dentro de mí... estoy en el ego... el ego está en mí.**

Meditación con pensamiento-semilla

Concéntrese en la respiración. Inspire y espire ocho veces seguidas y fíjese en un punto exterior. También puede imaginarse el punto medio entre las cejas.

Cuente de 100 a 1.

Al acabar, diga mentalmente: **Ahora medito sobre el pensamiento-semilla: la felicidad.**

Repita mentalmente varias veces la palabra **felicidad.**

Imagine que escribe la palabra en una pizarra.

Observe los pensamientos que llegan y quédese tan sólo con aquellos que le produzcan felicidad.

Prosiga así durante unos minutos.

Conclusión

Cuente sus inspiraciones catorce veces.

Abra los ojos y afirme: **Mi meditación mejora. El pensamiento-semilla sobre la felicidad está dando sus frutos. Yo estoy bien. Estoy mejor que antes. Gracias.**

23 DE DICIEMBRE
SEXTA CONFERENCIA

«Como creo que ya sabéis, esta reunión se ha adelantado un día respecto a la fecha fijada para que no coincida con la vigilia de Navidad, pero también para acercarla al solsticio de invierno y así entrar en contacto con importantísimas energías transformadoras. Es el día en el que la oscuridad alcanza su máxima expresión y un instante después empieza a crecer la luz. Lo mismo puede producirse en cada uno de nosotros. Debemos procurar abrir una puerta hacia la nueva vida. No es casual que en estos días se celebrara uno de los dos San Juanes que existen: el nombre de Juan deriva de Jano y, también del latín *janua*, que significa puerta. Se abre una puerta a la luz, se despierta la tierra y se planta la primera semilla de esa nueva existencia que crecerá en primavera y será grano maduro al principio del verano.

Estas analogías entre los seres humanos, la tierra y el universo nos hacen pensar que todos juntos participamos en el ciclo continuo de los sucesos naturales que se originaron en la noche de los tiempos y que nos llevarán hacia un futuro que puede incluso no ser tan oscuro y tan secreto.»

Jano, símbolo del conocimiento del pasado y del futuro, grabado de 1621

Este discurso de Stefano suscita un gran interés en el grupo, sobre todo las últimas palabras. Se respira impaciencia, cada uno se muestra deseoso de hablar de sus propias reflexiones sobre la pregunta confiada a la meditación personal. Todos quieren hablar de cuál es el objetivo de su vida.

Stefano aplaca las impaciencias y decide explicar antes que nada «La leyenda de los tres eremitas», escrita por León Tolstoi y explicada de la siguiente forma por su amigo el pintor Roerich.

«En una isla vivían tres ancianos eremitas. Eran sencillos y conocían una sola y humilde oración: "Somos tres. Tú eres tres. Ten piedad de nosotros." El obispo del lugar conoció su existencia y su inadmisible oración y decidió visitarles para enseñarles a rezar. Llegado a la isla, les dijo que su oración no era digna y les hizo aprender la que tendrían que repetir. Se despidió de ellos y se embarcó para dirigirse a tierra firme. Pero pronto se dio cuenta de que le seguía una extraña luz radiante. Mientras la luz se acercaba, distinguió que se trataba de los tres eremitas que, unidos de la mano, intentaban alcanzarle corriendo sobre el agua. "Hemos olvidado la hermosa oración que nos has enseñado", gritaban. "Corremos detrás de ti para que nos la repitas."

El obispo, lleno de reverencia, sacudió la cabeza y muy humildemente dijo:

"Hermanos, continuad con vuestra oración."»

Stefano se calló y dirigió una mirada interrogativa a todos los presentes.

«Creo —dijo Aldo— que no hace falta ningún comentario al respecto. Está claro que el efecto de cualquier oración, rito o comportamiento está ligado a la consciencia de quien lo realiza más que a la conformidad de la ejecución. ¿Esto también es válido para la meditación?»

Stefano asiente: «Por supuesto. Seguramente la meditación tiene reglas y técnicas, pero incluso si lo realizo todo punto por punto, si digo las mismas palabras, si me comporto exactamente como otra persona que medite, ello no implica que tenga los mismos resultados. Es como cuando escribimos: no basta con conocer la sintaxis, la gramática y el vocabulario para escribir como Manzoni o como Leopardi. No basta con sentarse, concentrarse y meditar sobre un pensamiento para llegar a contactos e intuiciones milagrosas, a pesar de que haya gente que lo consiga.

Ahora examinaremos los primeros ejercicios de meditación y a las respuestas a las que habéis llegado. ¿Quién empieza?»

«Empiezo yo —dice Riccardo— porque, si me quedo el último como siempre, termino cambiando mis impresiones y pensamientos. Sufro un poco la diferencia de nivel cultural con el resto de componentes del grupo. En general me influyen y casi me hacen cambiar de idea. Al final no sé ni lo que pienso realmente.

Bien, después de este preámbulo que sentía que debía hacer, explico lo que me ha pasado. He meditado todas las mañanas durante unos veinte minutos y creo que he respetado todas las reglas. En estos últimos quince días siempre me he preguntado cuál es el objetivo de mi vida y he esperado alguna respuesta, un pensamiento iluminador que llegara de lo profundo o de lejos.

He tomado nota intentando eliminar todo aquello que me parecía superfluo o efímero. He tachado palabras como "éxito", "salud", "cultura", etcétera. Al final, el décimo día, llegué a la palabra "consciencia", y en los días siguientes no encontré nada mejor. Creo que el objetivo es: *ser consciente al máximo de mi vida*. Esto me ha gustado tanto, que me he sentido mucho mejor, alegrándome. Estoy intentando vivir todas las horas del día con esa consciencia. Tengo muchas dificultades pero estoy seguro de que si no me detengo antes llegaré a obtener buenos resultados.»

Stefano sonríe, visiblemente satisfecho y, renunciando a intervenir, invita a los demás a proseguir.

Elena alza la mano: «Yo también he meditado, si bien de forma menos metódica que Carlo y me ha costado mucho llegar al final. Yo también he terminado por tachar muchos posibles objetivos como "éxito", "serenidad", "conocer mejor a las personas" o "vivir muchas experiencias nuevas". He sentido que era mejor fijarse sólo un objetivo y que los demás llegarían cuando fueran necesarios.

Al final me pareció que el más importante es *tener buenas relaciones con la familia, en la escuela y en la vida*. Cuando he hecho esta selección definitiva he experimentado un momento de indescriptible placer, muy personal y profundo. Quizá, pensé, este es uno de los momentos de los que se puede conseguir la felicidad.»

Carlo interviene de inmediato: «Puedo aseguraros que Elena y yo no hemos hablado aún de los resultados a los que hemos llegado, pero yo también he llegado a la misma conclusión. Aunque si para mí es necesario alcanzar la consciencia de que una parte de mí es inmortal, el objetivo de mi vida es la progresiva mejora de las relaciones interpersonales».

Paola interviene con poca convicción: «A mí, sin embargo no me ha ido tan bien. Me ha sido muy difícil asumir una actitud meditativa y no he sido nada metódica. Alguna vez incluso me irrité.

A la pregunta sobre el objetivo de mi vida no han aflorado intuiciones interesantes. Me han venido ideas bastante extrañas. Al final, lo único que tenía una apariencia de seriedad era mi trabajo. Nada más que mi trabajo de médico, que cada día ayuda a alguien a sobrevivir. Sin embargo, cuando empecé a concentrarme sobre este posible objetivo, poco a poco se fue despertando en mí un íntimo placer, un estado de grata satisfacción que incluso me llegó a conmover. También yo reflexioné sobre el hecho de que pensar en el objetivo de mi vida podía darme momentos agradables y que estos momentos podían ser recordados cuando quisiera. Creo que estoy empezando a comprender y a experimentar la construcción de la felicidad. Con la técnica meditativa evoco estos momentos, me concentro, los detengo y la vivo. Se me hace difícil explicarlo con palabras, sobre todo por mi innata desconfianza, pero algo está sucediendo. Volviendo al objetivo de mi vida, puedo decir que estoy volviendo a examinar mi trabajo, o mejor dicho, lo estoy "observando" con interés. Tengo un estado de ánimo que no sabría describir. Concluyo ahora porque si no podría llegar a ser más confusa.»

Visiblemente emocionada, Elisa empieza a hablar: «He querido escuchar a todos los miembros del grupo para ver si sus respuestas me podían ayudar a aclararme algo. Quizá sí, aunque todavía estoy un poco confusa. Durante estos días, varias veces he pensado en romper con este extraño juego que me está haciendo perder la tranquilidad. E incluso esta noche, sólo por un instante, he pensado en dejarlo correr. Sin embargo, ahora intento proceder de forma gradual, a ver si lo consigo. La pregunta sobre el objetivo de mi vida no ha dejado de irritarme, me ha alterado de una forma desagradable. Yo también pensé en mi trabajo, en mi tipo de vida y en las cosas más variopintas. Pero esta maldita pregunta ha llegado a obsesionarme e incluso soñé con ella. Después de algunos intentos de resistencia, he decidido escuchar las respuestas que emergían tanto del estado meditativo como del sueño. Apareció una terrible oscuridad y muchísima ansiedad. Insistí, he vivido en un estado ansioso y finalmente tuve el sueño que intentaré explicar.

Me encontraba en una enorme y fea habitación con muchas personas más que estaban demasiado cerca y me oprimían. En el centro había una especie de urna de cristal y dentro había una persona que se parecía a mí. Llevaba un vestido que parecía de novia. Las personas se acercaban, llamaban al cristal, decían algunas palabras y se alejaban sin que sucediera nada. Entonces alguien me dijo al oído: "Intenta despertarla tú también. Es un alma y puede ser la tuya".

Me acerqué temblando y, en lugar de llamar al cristal, abrí los brazos. Para mi sorpresa pronuncié la frase: "Te amo". Una pequeña luz empezó a aparecer. Repetí la frase varias veces y la luz se volvió muy intensa e invadió la habitación. Yo me sentía envuelta por un abrazo muy suave y luminoso y experimenté una indescriptible alegría en el corazón.

Me desperté enseguida, muy contenta.

Sin embargo, poco después volvieron la ansiedad, la tristeza, el malhumor y las ganas de huir. Pero, después de la meditación volvieron dos palabras que había visto y oído: "Despierta el alma". Cada vez más convencida y más atraída, estoy aquí para repetir que el objetivo de mi vida es *despertar el alma*. Sé que tendré que hacerlo sola, que quiero hacerlo, pero confío muchísimo en vuestra ayuda, en el grupo y en Stefano.»

Stefano se aclaró la voz y afirmó:

«Hay poco que añadir. Estamos contigo. Nos quedamos en esta atmósfera, en este estado superior y escuchamos la cuarta parte de la autobiografía de Dario. Creo que hay algo que os puede interesar».

Autobiografía (cuarta parte)

«Esta parte de mi historia no sigue el orden cronológico. Si tuviera que darle un título escogería *Caída y reconstrucción* o, aún mejor, *Muerte y renacimiento*.

La caída empezó con la reaparición de Zaira. Entretanto, mi madre había muerto y me estaba acostumbrando al pueblo, a la monotonía de mi vida, a la tienda, a las borracheras y a Elvira. Zaira llegó de noche, herida y se dirigió a mí para que la ayudara. La había escondido, protegido, cuidado y amado.

Me había creído todas sus historias, más extrañas que fantásticas, había creído que quizá la perseguían y había hablado con ella sobre la posibilidad de seguirla a un país tropical donde la vida sería maravillosa.

La caída era imparable. En pocas semanas me había transformado. Había dejado de relacionarme con todo el mundo y, sobre todo, con Elvira. Había vendido la tienda y la casa donde vivía para tener el máximo dinero posible y marcharme con ella. Con ella yo hubiera ido a cualquier parte. Había perdido mi libertad.

La noche en que teníamos que marchar, Zaira no estaba. Me dijeron que se había ido con prisas y con otro hombre. Poco después había venido la policía a buscarla. Me había abandonado una vez más, pero ahora me había destruido. Sólo me quedaba el dinero.

Pasé una noche terrible, conduciendo sin rumbo fijo. No sé si buscaba a Zaira, a la muerte o una última esperanza.Me dirigí por una carretera que conocía hacia el pueblo de Stefano. Ahora no podría decir si lo hacía conscientemente o no. Sólo recuerdo el árbol. Después, ruido, sangre, dolor, la tierra y la hierba húmeda y muchas estrellas en el cielo.

Cerré los ojos, esperando la muerte. Todo se volvió oscuro, pero al cabo de poco tiempo apareció una luz. Una luz roja, quizás una ambulancia. Después el hospital. Alguien que me preguntaba el nombre de un pariente y después… Stefano.

Cuando dejé el hospital, pasé una larga convalecencia en casa de Stefano. Mientras se soldaban mis huesos, Stefano me ayudaba a reconstruir mi propia vida y a mí mismo.

En cuanto tuve fuerzas suficientes me inició en la Meditación (creo que está justificado escribir esta palabra con mayúscula y estoy convencido de que quien quiera probarlo podrá comprenderme). He aprendido a entrar y a viajar dentro de mí, para descubrirme, conocerme y transformarme, después de comprender por

Un símbolo de muerte y renacimiento: la barca solar que transporta al dios Ra

qué era necesario hacerlo. Yo no conseguiré nunca describir con las palabras justas lo que cada día, lenta y progresivamente, ocurría en mí. Poco después empecé a desear mucho mi cita diaria con la meditación.

La relajación física, la tranquilización emotiva y la serenidad mental eran cada vez más fáciles de conseguir y me preparaban para el estado en el que he empezado a adentrarme.

El momento más hermoso fue cuando descubrí que a través de la meditación podía conocerme de verdad y, por lo tanto, plantearme todas las preguntas que me asediaban e incluso recibir respuesta. Este último descubrimiento ha sido fantástico. Esta vez, las respuestas no eran fruto de cultura, de conocimiento, de experiencias de terceros, sino que eran *mías*. Ahora sí que las respuestas procedían de mí o mejor de mi *ego*.

La continua toma de conciencia de mi mundo interior culminó con el pequeño, limitado y breve contacto con mi ego que, para simplificar, llamaré "alma". Cada vez que he deseado evocar algunos momentos agradables para intentar ser feliz, me he dado cuenta que bastaba recordar ese instante. A pesar de que la mera posibilidad de recrear el contacto era suficiente para suscitar en mí un estado de profunda serenidad que alcanzaba hasta transformarse en alegría. Este ha sido mi renacimiento y coincide con el descubrimiento y el despertar mi ser.

Espero que todo lo que he intentado decir sea comprendido y, sobre todo, que otros aprendan a conocer y a tener esa experiencia, que puedan renacer como yo lo he hecho y que sean felices siempre que lo deseen.

Yo no puedo hacer más que dar testimonio, y lo hago con placer; incluso creo que se trata de un deber hacia los demás. Mi autobiografía podría terminar aquí, pero deseo compartir con quien lo desee, lo que considero éxitos sustanciales. Por lo tanto, en la próxima parte, la quinta, narraré algunas de mis experiencias.

Indicaré la situación, el objetivo y los medios que he utilizado.

Intentaré describirla lo más detalladamente posible y sin añadir valoraciones ni juicios personales. Estoy convencido de que esto será un "favor", que consiste en dar sin tener ni siquiera la esperanza de una hipotética gratitud.

Soy consciente de ello, pero quiero añadir que para mí el "favor" también es motivo de felicidad.»

Stefano regresa a su lugar y concluye:

«Hoy hemos oído muchas ideas importantes, pero es necesario empezar a crear algo que vaya más allá: hay que llegar a la armonía.

La próxima vez, que coincide con nuestro séptimo encuentro, escucharemos la relación sobre los ejercicios de Dario. A todos vosotros os daré una tarea. Esta vez nos plantearemos una pregunta: **¿Qué puedo hacer para alcanzar mi felicidad?**

Con el método habitual se pasará de la concentración a la relajación física, a la tranquilización de las emociones, a serenar la mente. Concentrándonos en la respiración entraremos en nuestras profundidades y nos preguntaremos varias veces: **¿Cómo puedo alcanzar mi felicidad?**

Reflexionemos por palabras, imaginemos bellas escenas, escuchemos posibles sonidos, abrámonos a intuiciones. Memoricemos, tomemos notas, añadamos posibles sueños y la próxima vez compartiremos nuestras experiencias, decisiones y acciones.

Hemos llegado al momento de las conclusiones. Un ciclo llega a su final, pero para algunos se abre otro. Estoy seguro de que habréis comprendido, a pesar de que pueda parecer oscuro. Y no olvidéis los ejercicios "secretos" de entrenamiento de los que no hablamos.

Os deseo una feliz Navidad y que el año nuevo sea el inicio de la deseada renovación de todos nosotros. Hasta pronto.»

SEXTO EJERCICIO:
AFIRMACIÓN DE LA VOLUNTAD
DE SER FELIZ

Dedicatoria

Actúe como en los ejercicios precedentes y diga: **Dedico este ejercicio a afirmar mi deseo de felicidad.**

Preliminares

Adopte la posición habitual. Relaje su cuerpo, serénese.
Inspire, espire y repita mentalmente: **Mi cuerpo está relajado. Estoy tranquilo. Mi mente está serena y libre de cualquier pensamiento.**

Desidentificación y autoidentificación

Concéntrese en la respiración, inspirando y espirando ocho veces y practique el ejercicio breve de desidentificación afirmando: **Yo tengo un cuerpo, pero no soy mi cuerpo.**

El símbolo ying-yang *o la totalidad cósmica*

Yo tengo emociones y sentimientos, pero no soy mis emociones y mis sentimientos. Yo tengo una mente, pero no soy mi mente. Yo soy un centro de pura autoconsciencia y voluntad.

Después de haberme desidentificado de la personalidad y autoidentificado en mi ego, pronuncio el mantra: Más radiante que el sol... más puro que la nieve... más sutil que el éter es el ego... el espíritu dentro de mí... yo soy el ego... el ego está en mí.

Meditación sobre pensamientos agradables

Concéntrese en la respiración, inspirando y espirando ocho veces. Concéntrese en el punto elegido, ya sea interno o externo, y cuente desde cien hasta uno hacia atrás.

Cuando acabe, repita mentalmente: **Ahora medito por la felicidad y evoco algunos momentos agradables de mi vida. Los reconozco. Los fijo en mi mente.**

Repita varias veces en silencio: **Ahora medito por la felicidad y evoco algunos momentos agradables de mi vida. Los reconozco. Los fijo en mi mente.**

Continué repitiendo: **Momentos agradables. Pensamientos agradables de mi vida. Momentos y pensamientos agradables para mi felicidad. Yo quiero ser feliz.**

Permanezca dos o tres minutos en espera, manteniendo muy despiertas la atención y la voluntad.

Conclusión

Cuente sus inspiraciones catorce veces. Abra los ojos y afirme: **Mi meditación me conduce a la felicidad. Yo soy feliz porque he decidido serlo. Porque quiero. Porque lo soy. Yo estoy bien. Estoy mejor que antes y por ello soy feliz. Gracias.**

7 DE ENERO
SÉPTIMA CONFERENCIA

Ha nevado y hace mucho frío. A pesar de ello, todos están presentes. Stefano está muy sereno y observa al grupo con atención y simpatía. El grupo se muestra unido, atento y listo para utilizar todo su potencial.

Después de los preliminares habituales, el ambiente es propicio. Stefano interpreta su papel de conductor y con voz firme y clara, empieza:

«Hemos llegado a la última de nuestras reuniones quincenales. Esta noche estaremos juntos un poco más de lo acostumbrado.

Escucharemos la última parte de la autobiografía de Dario que, como ya os he anunciado, se referirá, en particular, a sus experiencias y las técnicas que ha utilizado. Sin embargo, si nos fijamos, nuestro amigo no ha podido evitar plasmar un poco de sus propios pensamientos. Algunas páginas se referirán a la búsqueda de su propio "maestro interior", otras están dedicadas a cómo conseguir momentos de felicidad. Por último, decidiremos qué hacer con nuestro grupo: si disolverlo o mantenerlo con vida.

Veo que cada uno de vosotros tiene folios en la mano y deduzco que habéis tomado notas. Para usar una frase de derivación alquímica, habéis "coagulado", es decir, que el trabajo de vuestra mente ha empezado a "disolver".

La antigua fórmula a la que me refiero está indicada en latín con dos verbos: *solve et coagula*.

La búsqueda del oro de los alquimistas no se refería en absoluto al que se guarda en las cajas fuertes.

Quizás un día tendremos ocasión de tratar estos temas de una forma distinta a la acostumbrada y, seguramente, más interesante. Ahora, veamos, o mejor escuchemos, lo que ha "coagulado" Dario».

Autobiografía (última parte)

«Como ya he dicho, dedicaré esta última parte a comentar el método meditativo. No creo que sea necesario explicar las enseñanzas de Stefano. ¡Cuántos errores he cometido, cuántas veces me he desmoralizado y cuántas otras me he crecido creyendo haber encontrado la solución a todos mis problemas! Hablaré también del largo trabajo de mi reconstrucción, es decir, de conocerme a mí mismo y de transformarme. Para llegar a ello, he usado técnicas psicológicas tomadas su mayoría de la psicosíntesis de Roberto Assagioli. Sin embargo, me gustaría precisar que, en mi caso, la meditación ha sido decisiva dados sus resultados.

Al cabo de cierto tiempo de haber completado mi reconstrucción, empecé a buscar estados de consciencia superiores.

Necesitaba contactar con un ser superior, con una gran entidad a la que me gusta llamar "maestro interior". Estoy convencido de que lo mejor se encuentra dentro de mí, antes que en los libros, las clases o las experiencias de terceros.

Empecé a intuir una nueva posibilidad. Podía preguntar a alguien y esperar las respuestas. Creía que este diálogo interior era posible, y al cabo de un cierto período decidí intentarlo a través de la meditación. Ahora intentaré explicar cómo sucedió.

Desde ese día, inicié mi cita diaria con la meditación formulando una declaración precisa: "Dedico esta meditación a establecer un contacto con mi maestro interior." Relajé el cuerpo, olvidé mis emociones, serené la mente y esperé a que sucediera algo. Para evitar distracciones y fantasías, mantuve la concentración fijándome en mi manera de respirar.

En los siguientes días, empecé a crear algo. Puede decirse que he pasado de una fase estática a otra psicodinámica.

Después de haber alineado los tres cuerpos (físico, emotivo y mental) visualicé un lugar interior propio. Para llegar a él, imaginé una escalera de veintiún escalones. Empecé a descender lentamente hasta llegar al último. Después pasé a construir límites, muros adecuados para contener este espacio interior. Empecé a crear una estructura nueva hasta erigir un pequeño templo redondo con unas graciosas columnas pequeñas. Sobre el suelo había una alfombra gruesa y de colores.

Varias veces esperé a alguien que pudiera parecerse a mi maestro interior. Incluso llegué a ver imágenes de ángeles, de un profesor y de un sacerdote. Sin embargo, intuí que procedían de mi memoria, que se referían a mí, a mi vida, a mi cultura. No era más que una continuación de la vida cotidiana. Después de un primer momento de decepción, continué.

Esperé, probé y esperé de nuevo a que apareciera algo. Finalmente, un día, al cabo de semanas de fracasos, percibí una imagen hermosa. No era un anciano, no era un santo, no se parecía a nadie que hubiera visto ni pensado nunca. Era una cara intensa que, más que verla, sentía y que se comunicaba sin usar las palabras. No me atreví a iniciar ningún diálogo por miedo a perder el contacto, pero me di cuenta de que no era necesario hablar. En ese momento, entendí qué era la telepatía.

También sentí que si hubiera querido explicar aquello que veía no me hubieran creído. Esto podía hacer dudar de mi credibilidad, incluso a mí mismo. Sin embargo, conseguí superar ese extraño momento de duda e incertidumbre, para seguir adelante. Mi objetivo era no perder el contacto. Sentía que él era mi maestro interior, a pesar de que nadie me creyera; estaba convencido de ello, incluso a costa de desafiar la irracionalidad.

El contacto duró poco y a continuación los tiempos de encuentro fueron muy breves. Todo ello, que al principio me desagradaba, me ayudó a ser rápido y conciso. Alguna vez la imagen no se manifestó, pero conseguí no perder la confianza ni la fe en esta presencia. El contacto con el maestro interior, aunque difícil de lograr, fue para mí un auténtico éxito y mi vida tomó otra orientación. A partir de ese momento, la reconstrucción de mí mismo dejó de ser una hipótesis remota o una vaga esperanza. De todos modos, me sirvió para buscar con mayor ahínco el sentido de mi vida y sentirme obligado a indicar, a quien lo deseara, cómo adentrarse en esta vía.

No obstante, estoy seguro de que sólo quien experimente por sí mismo estas sensaciones podrá comprender estas palabras y saber que no se trata de una alucinación ni de una fantasía. Sé que algunos, aunque benévolos, sonreirán y que otros reaccionarán peor. Pero yo, ¿debería detenerme?, ¿debería desviarme de mi camino por temor a no ser lo suficientemente realista o científico? Mi conciencia me obliga a hablar y asumo todas las responsabilidades.

El segundo tema del que quería hablar es la felicidad. Yo siempre he deseado ser feliz, si bien de una forma vaga. Cuando descubrí, gracias a las teorías de Matz, que consistía en mantener en la consciencia algunos pensamientos agradables, y que estos podían ser recuerdos, esperanzas o incluso estados de ánimo, sentí que podía conseguirla. Sobre todo, me pareció claro que podía llegar a ella con mis medios. Stefano me dio algunas indicaciones que seguí. También esta vez utilicé la meditación como principal instrumento. Al igual que para la búsqueda del maestro interior, inicié cada sesión con una dedicatoria precisa. Pronuncié con convicción y confianza la frase: "Dedico estos instantes a la búsqueda de mi felicidad".

Al principio, indagué en mi pasado, buscando algún recuerdo que me fuera agradable. Encontré pocos, pero eran suficientes. Me bastaba recordar uno de aquellos episodios para alcanzar el mismo estado de ánimo. En el breve tiempo que lo mantenía en mi consciencia, experimenté la felicidad. Soy consciente de que este proceso puede ser rebatido afirmando que se trata sólo de autosugestión o algo parecido. No me molesta. De hecho, me da igual lo que piensen de mí.

Después empecé a prestar atención a mi vida cotidiana y descubrí que había pequeños detalles que me hacían sentir bien. Una sonrisa, una palabra amable, una flor, podían suscitarme una sensación agradable. Aprendí a memorizar estos momentos para recordarlos la mañana siguiente durante la meditación.

De esta forma, conseguí reunir algunos para prolongar más estas sensaciones. Incluso llegué a incluir la compasión y el perdón, sobre todo por mis propias locuras, mis errores, mis prejuicios. Poco a poco y cada vez mejor, aprendí a ser un atento observador de los hechos, de la vida, de mí mismo. Puedo afirmar que ser feliz es la cosa más fácil del mundo, pero hay que dar un primer paso y este, a veces, no lo es tanto. Un descubrimiento esencial para mí fue la certeza de que la felicidad no procedería nunca de los demás ni de poseer más cosas.

En este caso, en el curso de la meditación usé con atención la mente para volver a evocar pensamientos agradables, fijarlos y vivir mejor. Esta vivencia se ha transformado poco a poco en experiencia y en consciencia adquirida. Ha mejorado mi calidad de vida y ha facilitado todas las transformaciones que deseaba. Una vez más, sé que las palabras no podrán expresar nunca lo que siento.

Hubiera podido evitar hablar de estos hechos, cuyo significado profundo es difícil de comunicar, pero no puedo hacerlo. Creo que estas líneas pueden ser de ayuda.»

Tras terminar de leer, Stefano regresa a su lugar y añade: «Quizás alguien desee hacer algún comentario .»

No hay ninguna reacción por parte del grupo. Nadie pide la palabra. Stefano deja transcurrir unos instantes y después invita a responder —siguiendo el orden habitual— a la pregunta común «¿qué puedo hacer para alcanzar la felicidad?»

Empieza Aldo: «En cierto sentido estoy de acuerdo. La metodología usada ha sido similar a la nuestra: dedicatoria, formulación de la pregunta y espera de la respuesta.

Esta última ha sido el banco de pruebas de la voluntad y de la consciencia. También para mí la respuesta puede resumirse en atención a la vida cotidiana y a los pensamientos agradables y uso de la meditación para crear momentos de felicidad, para evocarlos y fijarlos. He practicado un poco y puedo decir que ha sido menos difícil de lo que creía. Es relativamente fácil "sentir" pensamientos agradables y fijarlos con la meditación. Además, puede aplicarse este método a muchas cosas de la vida y del trabajo. Yo también he buscado al interlocutor para mi necesidad de "diálogo interior".

No he pensado, sin embargo, en definirlo y he buscado imágenes más complejas y más difíciles de explicar. Creo que ahora adoptaré el término y proseguiré el diálogo, porque lo considero importante e interesantísimo.»

Stefano no añade ningún comentario y la palabra pasa a Elena: «Voy a hablar por Carlo y por mí, pues hemos acordado hacerlo así. Nuestro caso es un poco particular. De hecho, hemos descubierto que la meditación no es una técnica adecuada para nosotros. Parecerá absurdo y paradójico, pero es así. Nos ha permitido ver dentro de nosotros, pero preferimos no potenciar su uso porque en nuestro caso la relación interpersonal es mucho más importante. Hoy podemos confirmar que las relaciones humanas son la clave de todos nuestros problemas.

Para ser felices empezamos a vivir. Cada día estamos profundizando más en el instrumento y en esta vía. Es posible que sea parcial, pero de momento nos basta. Ahora, somos felices así. Mañana, ya veremos.

Deseo, es decir, deseamos, mostrar nuestro agradecimiento a Stefano y a sus consejos, sin olvidar al grupo, que nos ha proporcionado la energía necesaria para emprender esta ardua empresa. Es extraño, pero meditando hemos descubierto que la meditación no es el instrumento más adecuado para la búsqueda de nuestra felicidad. Espero no haber desilusionado al grupo y, en particular, a Stefano, pero ha sido así.»

«Intervengo sólo porque se ha me hecho una alusión directa. No experimento desilusión alguna. He formado un grupo junto con vosotros. Este grupo ha adquirido vida y es un verdadero ente vivo. Ha utilizado algunos medios sugeridos y otros que ha encontrado y elegido de forma autónoma. El tema *Meditación y felicidad* indicaba genéricamente un punto de partida, la meditación, y un punto de llegada, la felicidad.

El camino ha sido recorrido. No todos lo han hecho de la misma forma. La vida del hombre está llena de descubrimientos diversos. Se empieza buscando algo y se encuentra otra cosa igual de interesante y provechosa. Una vez más, debo afirmar que lo más importante es la experiencia. En lo que respecta al resultado, creo que ninguno de los dos podrá negar que os habéis acercado mucho y yo diría que positivamente».

Elisa interviene: «La última vez se inició en mí un proceso que, para mi gran satisfacción, continúa evolucionando. Recordaréis que el objetivo de mi vida era despertar el alma y he continuado moviéndome en esta dirección. Mi meditación cotidiana siempre se ha dedicado a este objetivo y puedo afirmar con sinceridad que el progreso sigue siendo constante. No he dudado en plantearme cómo puedo alcanzar mi felicidad y he esperado la respuesta. Después de algunos "relámpagos" poco comprensibles, finalmente ha resonado dentro de mí una clara definición: "Ser amor".

En un primer momento, me quedé desorientada. Sin embargo, me di cuenta de que estaba intentando hacer una racionalización de lo que era una genuina intuición. Quizá quería transformarla en algo comprensible. No obstante, tuve la fuerza de dejarlo y dejar que la comprensión trabajara del mismo modo que la intuición. He meditado para preguntarme qué significaba para mí ser amor. Lo que me ocurrió está claro para mí, pero dudo que lo sea para las personas que escuchan. De todas formas explicaré la conclusión a la que llegué.

Para mí, ser amor significa empezar a estar atenta a mí misma, hasta despertar mi alma. Este deseo me permite **conocerme a mí misma** transformándome. Todavía no he alcanzado la plenitud.»

Ahora Paola, visiblemente conmovida, empieza a hablar: «Las palabras de Elisa me han llegado muy adentro. No escondo las lágrimas. Estoy muy contenta de que Elisa haya iniciado este camino. Por un momento, he comparado lo que ha dicho con mis dificultades y después, de pronto, me he quedado pasmada. He descubierto que se puede ser feliz, o mejor que aquellos pequeños pensamientos agradables de los que habla Stefano pueden proceder incluso de aquello que hacen los demás, aunque a mí no me suceda nada.

Es posible que este estado pueda ser descrito racionalmente, quizás esté claro para todos vosotros e incluso lo consideréis posible, pero no lo he alcanzado. Mi meditación no ha tenido éxito ya sea por su discontinuidad o porque he pensado demasiado. Sin esta iluminación que le debo a Elisa hubiera enhebrado cualquier discurso para no quedar mal. En cambio, todo se ha invertido, he tenido una intuición a la que ha seguido un estado de consciencia distinto. Estoy contenta de lo que me ha sucedido y de confesarlo.

Os digo también que no me importa si lo que estoy diciendo, si pensar en voz alta puede ser considerado banal. Estoy contenta de saber que he cambiado. No sé a quién darle las gracias, a pesar de que pudierais pensar que nadie lo merece porque trabajamos en grupo. Pero también estoy descubriendo la gratitud y esto me llena de felicidad. Os doy las gracias a todos y, en particular, a Elisa. Creo que he llegado a la felicidad. De momento, os envío el típico telegrama: "Llegada bien. Besos"».

La tensión emotiva del grupo es notable. La energía fluye y la atmósfera está impregnada de serenidad creativa. Stefano escucha visiblemente complacido y parece casi saborear el placer del imprevisto silencio, aún saturado de una experiencia vívida y de las palabras que han intentado manifestarla.

Riccardo interviene no sin cierto embarazo: «Siento alterar esta atmósfera mágica en la que las palabras parecen inútiles. Sin embargo, creo que debo cumplir con algo que incluso es un deber para mí: relatar mi experiencia. Como recordaréis, el objetivo de mi vida era hacer todo lo posible para desarrollar la consciencia. He procedido en esta dirección, descubriendo que para mí las vías maestras son los sentidos y la meditación. Los cinco sentidos son las puertas por las que las sensaciones entran en mí. La meditación ayuda a realizar este recorrido interior y a llevar a cabo algunas transformaciones necesarias y queridas. Durante la meditación me he preguntado "cómo llegar a mi felicidad" y he tenido algunas intuiciones o, mejor dicho, algunos "impulsos" para hacer algo, para actuar y ello me ha gustado mucho. He conseguido suscitar en mí esos "pensamientos agradables" a los que todos nos hemos referido, pensar en ellos y mantenerlos fijos en mi mente.

Creo que el proceso es adecuado y los resultados parecen confirmarlo. El impulso para hacer algo se ha transformado en el deseo de aprender enseñando. He recordado un viejo proverbio chino que creo que decía: "Si no sabes, enseña". Y he empezado a enseñar a mi mujer todo lo que estaba aprendiendo aquí. He recreado el grupo, le he explicado las técnicas de la meditación, hemos hecho todos los ejercicios. He tenido dudas acerca de si le agradaría a Stefano o si incluso podría crear problemas al grupo. Pero he decidido seguir las indicaciones de mi consciencia, actuar con la máxima pureza de corazón e intentarlo, como los tres eremitas del cuento de Tolstoi. También decidí hablar con sinceridad aceptando comentarios, consejos e incluso prohibiciones. Mi vía para buscar los pensamientos agradables y así la felicidad, pasa por la enseñanza. Esto lo interpreto de forma muy similar al concepto de "maestro" que nos ha explicado Stefano. Para poner un ejemplo, es como si acompañara a alguien a hacer las mismas cosas que yo he hecho, como un guía de montaña que acompaña a un nuevo excursionista por los senderos por los que él ya ha circulado, al menos una vez. De hecho, esta es mi experiencia, mi respuesta, mi vía y pretendo perseguirla. Cuando pienso en el placer de aprender algo y después enseñárselo a mi mujer o a otros, me siento feliz. Yo también quisiera mostrar mi agradecimiento a todos, a todo el grupo. Quiero daros las gracias porque ya no soy el que llegó aquí en septiembre. Quizás esta vía no era nueva, quizá ya la he encontrado otras veces, pero sólo ahora me he dado cuenta de ello. No tengo nada más que decir. Sólo me gustaría saber si después de esta última reunión nos volveremos a ver.»

Stefano recupera su papel de conductor del grupo y afirma:

«Me hubiera gustado callar y dejar que el grupo reelaborase interiormente las diversas experiencias y las distintas interpretaciones de cada uno de los miembros. Pero creo que me corresponde decir algo.

Considero que el grupo, este grupo, ha trabajado bien. Cada uno ha hecho un camino, ha vivido experiencias que seguramente le habrán enriquecido. El objetivo no se ha conseguido ni a la vez ni de la misma manera y ello ha sido una buena señal, porque demuestra que ha habido un crecimiento individual y porque es una evolución que ha tenido lugar en el alma de cada miembro. El grupo no es un rebaño. Repito que lo que ha sucedido es un éxito. Cada uno ha tenido las respuestas personales y ha elegido lo que más le convenía. Nadie puede emitir juicios al respecto. Con plena consciencia debo decir que hemos trabajado bien.

En cuanto a la pregunta de Riccardo, debo decir que el grupo sigue vivo. Podemos volvernos a encontrar si lo deseamos, pero también podemos no hacerlo. Si pensamos en el grupo y lo visualizamos incluso cuando hagamos otros ejercicios recomendados, contribuiremos a mantenerlo con vida. Si le enviamos pensamientos y energía lo reforzaremos y haremos de él un gran acumulador al que podremos recurrir en caso de necesidad. En cambio, si conseguimos borrarlo de nuestra mente y de nuestro corazón, se disolverá.

Puedo poner un ejemplo. Imaginad nuestro grupo como un bloque de hielo. Podemos hacer que se conserve como tal si mantenemos la temperatura adecuada. Pero también podremos alejarnos de él y abandonarlo a su suerte. En ese caso, se deshará, se convertirá en agua y se evaporará para volver al todo.

Ahora cada uno de nosotros volverá a su casa con no pocas experiencias. Repito que cada uno podrá iniciar un nuevo camino y una nueva vida, si lo desea. Nos hemos ayudado a nosotros mismos y a los demás en la búsqueda de un significado para nuestras vidas.

Despidámonos como si dentro de algún tiempo, física o mentalmente, tuviéramos que volver a encontrarnos juntos, aquí o en otro lugar.

Separémonos con un sencillo **hasta la vista.**»

SÉPTIMO EJERCICIO:
SER FELICIDAD

Dedicatoria

Al igual que en los ejercicios anteriores, diga: **Dedico estos instantes a ser feliz.**

Preliminares

Adopte la posición habitual. Relájese física y mentalmente. Inspire, espire y repita en silencio: **Mi cuerpo está relajado. Mis emociones han desaparecido. Mi mente está serena y libre de cualquier pensamiento.**

Concentración:
desidentificación y autoidentificación

Concéntrese en la respiración, inspirando y espirando ocho veces, y afirme: **Yo tengo un cuerpo, pero no soy mi cuerpo. Tengo emociones y sentimientos, pero no soy mis emociones ni mis sentimientos. Tengo una mente, pero no soy mi mente. Soy un centro de pura autoconsciencia y voluntad.**

Debo haberme desindentificado y autoidentificado en mi ego y ahora pronuncio el mantra: **Más radiante que el sol. Más puro que la nieve. Más sutil que el éter. Es el ego. El espíritu dentro de mí. Yo soy el ego. El ego está en mí.**

Avalokiteshvara, el más venerado Bodhisattva del budismo Mahayana

Meditación identificada
con la felicidad y la irradiación

Concéntrese en la respiración, inspirando y espirando ocho veces.
Fíjese en el punto elegido.

Cuente desde el cien hasta el uno y, cuando acabe, repita en silencio: **Ahora medito por mi felicidad. Evoco momentos**

agradables de mi vida. Pienso en ellos. Los reconozco y los fijo en mi mente.

Además, me empeño en hacer que en cada día haya al menos un momento agradable para recordarlo más tarde.

Continúe diciendo: **Yo estoy atento a producir y recordar los momentos agradables para la felicidad que he elegido y que quiero.**

Afirme varias veces con convicción: **Yo soy feliz. Estoy feliz e irradio mi felicidad a quien la necesite.**

Permanezca dos o tres minutos concentrado en la cálida sensación de felicidad que percibe. Mantenga las manos a la altura del corazón con las palmas dirigidas hacia el exterior e irradie felicidad.

Conclusión

Cuente sus inspiraciones catorce veces. Abra los ojos y afirme:
Mi meditación es felicidad.
Yo soy feliz.
Soy feliz e irradio felicidad.
Estoy bien, estoy mejor que antes.
Gracias. Gracias. Gracias.

APÉNDICE 1

Los cimientos de la felicidad

Indicaciones para buscarla cada día

Tomemos un día cualquiera de nuestra vida e intentemos organizarlo de forma que nos permita encontrar lo que deseamos. En este caso la felicidad.

A partir de este momento, adoptaremos la primera persona del singular, de forma que el lector pueda identificarse con el narrador y se sienta cada vez más cercano al contenido de estas páginas.

Como cualquier otro día, también este empieza con el despertar. Aquí y ahora, dedico un minuto, sólo uno, a mí mismo, a mi bienestar y a la posibilidad de adquirir consciencia de lo que soy. Un solo minuto para tocarme la cara, el pecho, los brazos, el vientre y las piernas. En este mismo momento, observo mi respiración y sigo su ritmo: inspirar y espirar, inspirar y espirar...

Uno las manos, con los dedos entrelazados, y dirigiéndolas hacia arriba afirmo: **Hoy es un día nuevo para mí. Todo me irá de bien en mejor. Yo seré feliz. Gracias.**

Me levanto y me dedico a mis quehaceres matutinos habituales. Puedo aprovechar mucho más estos instantes si presto especial atención a todo aquello que hago y cómo lo hago. Por ejemplo, puedo observarme atentamente mientras me lavo la cara, mientras me peino o mientras me visto. Otra cosa positiva es nombrar de vez en cuando en voz alta o mentalmente lo que estoy haciendo. Por ejemplo: «Ahora me estoy lavando la cara y me la seco. Me peino. Me visto». Y después repito: «Me he lavado la cara. Me he peinado. Me he vestido».

Si por casualidad surgieran las típicas excusas banales e infantiles, como «aún estoy dormido», «qué agobio» o «no quiero hacerlo», tengo que decirme a mí mismo: «Eres lo bastante fuerte para hacer lo que has elegido. Eres lo suficientemente mayor como para hacer lo que quieres».

Es necesario pensar de esta manera si verdaderamente quiero sentirme mejor. Escribo en mayúsculas la palabra «felicidad» en un papel rectangular, que no sea demasiado grande, y lo coloco en un lugar bien visible, en el que se quedará durante unos días. Esa es la técnica de las palabras evocadoras. La observación y la consiguiente lectura contribuyen a despertar en mí las cualidades necesarias para lograr lo que me propongo.

Ahora estoy sentado, desayunando. Da igual lo que tome, por frugal que sea, no dejaré de saborearlo. Para ello despertaré mis cinco sentidos.

De esta manera, observo y reconozco lo que hay frente a mí; escucho y reconozco algún sonido pequeño, como el tintineo de la cucharilla en el fondo de la taza o el ruido de la cafetera; inhalo y reconozco el aroma de la comida; saboreo y reconozco lo que entra en contacto con mi lengua y con mi paladar; percibo y reconozco las sensaciones que derivan del tacto. No dejo de apreciar cualquier señal que llegue a mis sentidos —que defino también como puertas de la consciencia— y con convicción **agradezco** estas ocasiones que he vivido, entre las que seguramente encontraré un poco de felicidad.

Con esta actitud inicio mi jornada; da igual si se desarrolla dentro o fuera de casa.

Después, aprovechando por ejemplo un desplazamiento, me concentro en lo que haré en las próximas horas y, con decisión, repito mentalmente, e incluso en voz alta, si fuera posible: **En estas próximas horas seguramente habrá ocasiones y momentos agradables que me llevarán hacia la plenitud. Prestaré toda mi atención para descubrir estos momentos y ser feliz.**

El árbol de la vida

Al final, para reforzar este comportamiento traeremos a la memoria una anécdota de la vida de Jesús que aparece en los Evangelios.

Durante uno de sus peregrinajes, Jesús llegó con sus apóstoles a un pueblo en la frontera con Siria.

Desde lejos se dieron cuenta de que había numerosos curiosos que miraban algo en el campo. Uno de los discípulos corrió a ver qué sucedía y al volver exclamó: «No, *rabí*, no. No te acerques. Esa gente está mirando la carroña de un perro muerto. Está cubierto de gusanos horribles. Es una visión inútil y desagradable». El Maestro, nada impresionado, se hizo paso entre el grupo y se detuvo a mirar intensamente el pobre cuerpo del perro. Cuando volvió entre los suyos dijo: «No era en absoluto desagradable, ese perro tenía unos dientes muy bonitos».

Me doy cuenta de que el mensaje continúa y continuará siendo válido, pues en cada cosa, hecho o imagen, hay algo hermoso, siempre que yo sepa o quiera buscarlo. De esta forma, me convenzo de que en cualquier lugar puede encontrarse la belleza y cuando se contempla se viven también esos momentos agradables que dan la felicidad.

Por lo tanto, hoy la buscaré con determinación y en cualquier lugar, incluso en mí mismo. Sin duda, debo superar muchas resistencias y prejuicios pero puedo encontrarla en mi cuerpo, en mis emociones e incluso en mi mente.

Estas horas que me separan de la mitad del día serán ocupadas por mis actividades habituales, por mis pensamientos y por mis expectativas. No me distraeré pensando en mi búsqueda, pero podré, cuando lo considere oportuno, percibir con todos mis sentidos aquello que es interesante para mí.

Recapitulando, puedo afirmar que la primera parte del día consiste en:
— **el despertar consciente del cuerpo y de los sentidos;**
— **la declaración de intenciones y el programa;**
— **la búsqueda de momentos agradables y bellos.**

Todo esto ocupará un tiempo muy breve, sólo algunos minutos y que dedicaré sólo a mí mismo, que creo merecer, que me será de gran ayuda, que me acercará a la felicidad.

Además, también puedo afirmar que un auténtico momento agradable consiste también en actuar de esta forma, en superar el terrible escollo de la pereza y el de la autoconmiseración, que me induce a buscar coartadas y excusas. No vale decir: «No estoy hecho para estas cosas. No lo conseguiré nunca.»

Si supero estos obstáculos descubriré que estoy empezando a liberarme de los prejuicios, temores e inseguridades. Pronto seré libre y feliz.

Han transcurrido unas horas. Durante este tiempo he trabajado, he estado atento e incluso distraído, pero el propio hecho de haberlo notado es ya de por sí un éxito. Sin embargo, no lo recuerdo todo completamente, aunque sé de qué tratan. También estoy contento porque tengo la certeza de que mañana todo irá mejor aún.

Ahora se acerca la hora del almuerzo, y decido disfrutarlo. Por lo tanto dedico una vez más un minuto a la preparación.

Me detengo para contemplar mi respiración: separo mi cuerpo, mis emociones y mi mente de lo que he hecho y me desplazo por completo a otro plano. Vivo el hecho de estar en otro lugar, de percibir con los cinco sentidos cosas distintas de las precedentes. Sé que comer es algo más que ingerir alimentos. De hecho, lo hago porque es necesario. Sé lo que estoy haciendo y las respuestas que llegan son la confirmación de que mis cinco sentidos han comenzado a despertar. Además, descubro personas, lugares y situaciones diversas que me atraen y que pueden ayudarme a experimentar un poco de esa felicidad que busco con tanta ilusión.

Para reforzar esta actitud traigo a la memoria una anécdota relativa a las enseñanzas de un gran iniciado: Buda. Cuentan que un grupo de monjes fue a visitarlo bajo su famoso árbol. Después de los saludos habituales el representante del grupo preguntó en nombre de todos: «¿Cuál es tu secreto? ¿Qué prácticas ocultas realizas para llegar al grado de sabiduría que todos reconocemos en ti?»

Después de escucharlos con respetuosa compasión, repuso: «Creedme, amigos, no hay ningún secreto ni ninguna práctica oculta en lo que hago cada día. Me despierto, me levanto, camino, me siento, como, bebo, reposo, converso, escucho, medito y duermo».

«Pero eso es lo que hacemos nosotros también», exclamaron casi al unísono los monjes.

Y Buda, con una sonrisa muy dulce, añadió: «Sí, pero yo lo sé».

Esta narración también es útil para mí, es una semilla que yo introduzco en mí para que germine y florezca. La escribo. Así la siembro y grabo en mí mismo, en mi memoria. La transcripción, la sencilla costumbre de copiar me ha dado siempre notables resultados.

El cuento de Buda me ayuda a no repetir los mismos errores, a no hacer las tópicas e inútiles afirmaciones y a no buscar yo también la ayuda de instrumentos mágicos y milagrosos.

Aquí y ahora sólo hay que estar **atento.**

Y yo lo estoy. Estoy atento a mi comida, como si fuera sagrada. Sí, yo puedo sacralizar todo lo que hago, siempre que lo viva con dignidad, deseo y voluntad. Hacer algo seriamente, por muy minúsculo que sea, aumenta mi consciencia y produce momentos muy agradables y me ayuda a dar un paso más.

Todo esto es difícil de explicar, de describir, de transformar en palabras y en un discurso. En cambio, es rapidísimo cuando lo realizo.

Recapitulando una vez más, puedo decir que al llegar al ecuador de mi búsqueda cotidiana de la felicidad, he realizado lo que describo a continuación:

— **un minuto de plena atención para separarme de mi actividad y orientarme en este intervalo;**
— **un poco de empeño para mantener despiertos los cinco sentidos;**
— **un poco de atención para saber qué estoy haciendo.**

Continúo buscando la felicidad por la tarde.

Se activan, casi automáticamente, la atención, el empeño y la consciencia que había despertado antes. Ahora todo es más fácil y transcurren las horas más rápidamente.

A las cinco de la tarde, intento hacer una brevísima pausa y recito o, aún mejor, escribo el siguiente pensamiento: **Que la luz** pueda iluminar a todos los hombres y los abra a la honestidad, a la responsabilidad, a la voluntad de bien, así como al amor, a la belleza y a la armonía para hacer que la vida se convierta en una obra de arte.

Sé que a esta hora, desde hace mucho tiempo y en todas las partes del mundo, cada vez hay más seres que piensan y oran por el bienestar común y de nuestro planeta. Yo me uno a ellos, uno mi energía y mi pensamiento a la de tantos otros y me siento feliz por esta acción. También intento pensar en los siete valores universales: 1.º voluntad de bien; 2.º calidad de vida; 3.º pensamiento positivo; 4.º unidad en la diversidad; 5.º cooperación, amabilidad y simpatía; 6.º trabajar con alegría; 7.º ayudar a los demás irradiando amor.

Todo esto puede hacerse en cualquier lugar, sin dejar lo que tenemos entre manos. Trabajaremos un rato más, al que seguirá un período más o menos prolongado reservado a regresar a casa.

En espera de la cena, es necesario tener en cuenta que hemos de relajarnos y olvidarnos del trabajo.

Aunque esté solo, cenar será siempre una circunstancia feliz. La mejor manera de conseguirlo es poner el máximo cariño en lo que hacemos, por muy rutinario que sea. Recurro a las abluciones, es decir, dejo correr el agua purificadora por mi cuerpo, o sólo por mis manos. Dedico dos o tres minutos a relajar el cuerpo, a tranquilizar las emociones, a alejar de mi mente los pensamientos desagradables.

Despierto una vez más mis cinco sentidos para orientarlos hacia mi entorno familiar. Con este comportamiento purificado, participo en la cena, intentando no engullir el alimento, sino degustarlo, gozando de todos sus matices de sabor, olor, color y tacto.

Recapitulando, me detengo unos minutos para:
— **hacer una pausa a las cinco para invocar la luz;**
— **hacer algunas abluciones purificadoras;**
— **usar de forma consciente los cinco sentidos.**
A lo largo de toda la tarde he encontrado los momentos suficientes como para ser feliz.

Después de la cena intento ocupar mi tiempo de la mejor manera, en casa o fuera. Presto mucha atención a ese tiempo libre, y disfrutarlo plenamente.

Sin embargo, recuerdo que por la mañana dije, repetí y escribí el programa siguiente: **En las próximas horas habrá ocasiones y momentos agradables.**

Emplearé toda mi atención en descubrirlos.

Por esta razón no puedo dejar escapar la posibilidad de buscar esas ocasiones.

Esta búsqueda no será obligada, ni obsesiva, sino, por el contrario, distendida y relajada. Más tarde, llega la hora de ir a la cama y de concluir mi jornada.

Aquí y ahora, me gusta recordar, repetir y escribir algunos pensamientos de los *Versos áureos* atribuidos a Pitágoras:

«Que jamás el sueño cierre tus ojos cansados sin haber examinado las obras que has realizado durante el día. ¿Qué he transgredido? ¿Qué he hecho? ¿Con qué deber no he cumplido? Examina con detalle tus acciones de la primera a la última, arrepiéntete de las malas y alégrate de las buenas. Esfuérzate en hacer algún ejercicio, después te sentirás satisfecho. Este consejo te colocará en el camino de las divinas virtudes.

Recuerda que pocos saben ser felices. Las pasiones les hacen vagar en la oscuridad. ¿Dios les salvará de esta ilusión? Por supuesto que no, pues es tarea del hombre, criatura de Dios.»

Estas extraordinarias palabras, esta invitación al examen de conciencia, son el mejor epílogo para concluir el día.

Para ser fiel a sus enseñanzas, rememoro lo que he hecho, lo que no he hecho y también todos aquellos instantes en que he presentido la felicidad. Además, me prometo hacerlo mejor mañana. Esta noche, durante el sueño, la parte de mí que siempre está en vela proyectará y sincronizará mis flujos de energía, el masculino y el femenino, acercándome más y más a mi objetivo. Proyectará la sinergia de la unidad (el milagro de la Cosa Única, de la que habló Hermes Trimegisto). Todo ello no puede ser más que felicidad y será una buena noche.

RECAPITULACIÓN GENERAL	
Mañana	Despertar consciente del cuerpo y de los sentidos. Declaración de intenciones y programa. Búsqueda de momentos placenteros y felices.
Mediodía	Un minuto de concentración para separarme de las actividades y orientarme en este intervalo de tiempo. Un poco de empeño para mantener despiertos los sentidos. Un poco de atención para ser consciente al máximo de lo que estoy haciendo.
Tarde	Una pausa a las 17 horas para invocar la luz. Unas abluciones purificadoras. Uso consciente de los sentidos.
Noche	Examen de conciencia antes del sueño.

Nota: Es evidente que todo ello supone dedicar unos pocos minutos. Estos ejercicios son notablemente eficaces si se copian a mano con voluntad, humildad y paciencia. Las semillas se convertirán en flores. El instante se convertirá en eternidad y nuestro cuerpo experimentará la fusión total con el Universo.

APÉNDICE 2

¿Por qué meditar?

(artículo publicado en la revista mensual Astra, *n.° 12, diciembre de 1993)*

Hace unos años, un grupo de investigadores realizó una encuesta en la que un cierto número de personas debía definir el término «meditación». Muchos respondieron que significaba «reflexionar atentamente». Otros estaban convencidos de que se trataba de una técnica particular de los religiosos orientales. Algunos incluso la confundían con las alucinaciones provocadas por las drogas.

Por último, unas cuantas personas llegaban a hablar de una disciplina o técnica del pensamiento oriental y occidental y señalaban conocimientos y experiencias diversas.

De otras preguntas del cuestionario se desprendía la existencia de un notable interés por cómo meditar y los resultados que justifican su práctica.

Pero, ¿por qué?

Podemos hallar la respuesta en una idea, sencilla y profunda, que se desprende de las enseñanzas de Buda: «El hombre busca la felicidad durante toda la vida y encuentra las desilusiones que le producen las cosas exteriores. Sin embargo existe una felicidad duradera y estable que todos pueden experimentar. Las fuentes de esta felicidad se encuentran en el interior de nuestra mente, y los métodos para alcanzarla están ligados a la meditación. Meditando podemos ser felices en cualquier situación y en cualquier momento».

Entre los motivos de felicidad se halla el contacto con uno mismo —la parte divina que está dentro de nosotros—, con la propia alma o con Dios. Cada cual puede dar el nombre que prefiera a estos entes que, en última instancia, corresponden a una única realidad.

Entonces, ¿meditar es como rezar? En un primer análisis, podríamos estar tentados en considerar idénticas ambas prácticas. Pero lo cierto es que se diferencian por sus maneras de encarar la comunicación con lo divino.

En la oración predominan el deseo y la petición, que deben surgir del corazón. Hay que desearlo intensamente y, por lo general, se obtiene si la fe no vacila. En cambio, la meditación, nace en la mente y se orienta hacia algunas realizaciones interiores que, si se sostienen por la constancia y el empeño, tienden a transformarse en una verdadera consciencia. En otras palabras, con una se pide y con la otra se procede.

De hecho, a pesar de que la oración sirve para agradecer, la mayoría de las veces se utiliza para pedir ayuda, sea material o espiritual.

La meditación, en cambio, es un procedimiento silencioso, constante y ordenado para llevar la consciencia hacia el interior después de haber obtenido el control y la relajación del cuerpo, la tranquilización de las emociones, la serenidad y la concentración de la mente en un punto o en un pensamiento determinado. Y mientras que la oración se basa completamente en la fe profunda y sincera en un ser superior, la meditación parte de la fe en la semilla divina que vive en el interior del hombre.

Orígenes y tipos de meditación

La meditación nace con los grandes maestros y videntes de los sagrados textos de los *Vedas* (hace aproximadamente 1.500 años) y de las *Upanishad* (hacia el 900 a. de C.). La tradición afirma que es una vía privilegiada para alcanzar la consciencia del ego, la iluminación, el despertar. En principio estaba ligada a ciertas teorías filosóficas y religiosas, pero más tarde se convirtió en un sistema práctico para conocerse a sí mismo. Su orientación hacia la experiencia personal es cada vez más decidida y ya Buda afirmaba que «no es necesario creer en las palabras si se experimenta con la persona». Además, pasa de la difícil aproximación al contacto con Dios, a la búsqueda más concreta para descubrirse a uno mismo, volviendo a la antigua y siempre actual pregunta: «¿Quién soy?»

La meditación nace en Oriente, pero no está limitada a dicha área geográfica, porque la encontramos incluso en nuestra cultura. Sin embargo, dicha práctica antiguamente adoptada en Occidente, fue perdiendo su aceptación en nuestra sociedad de forma progresiva, quizá porque requiere un empeño y una aplicación constantes que casan mal con el ritmo frenético de los tiempos modernos. Sin embargo, en la actualidad asistimos a un renacimiento gracias a la psicología humanística de Roberto Assagioli, a las obras de Carl Gustav Jung, así como al movimiento de la Nueva Era, que pretende que el hombre moderno redescubra el potencial espiritual escondido en su intimidad. Son cada vez más numerosos los centros en los que se enseña y se divulga la meditación, como también son cada vez más numerosas las personas que se acercan a ellas, para encontrar ese equilibrio y esa paz necesarios para superar las neurosis que provoca la vida moderna.

Si examinamos a grandes rasgos las dos escuelas, la oriental y la occidental, podremos diferenciar los distintos tipos de meditación que existen.

Escuela oriental

Meditación hinduista

Comprende todas las formas que constituyen las siete escuelas de yoga, a saber:

Imagen tradicional que tiene el objetivo de facilitar la meditación, el shri-yantra

Hatha Yoga, donde la disciplina sirve para despertar la voluntad espiritual; *Mantra Yoga*, en el cual se llega a oír la voz del silencio mediante la repetición de las frases sagradas; *Laya Yoga*, que se propone el despertar de Kundalini, la energía durmiente en la base de la columna vertebral; *Karma Yoga*, que es el deber realizado sin deseo de recompensa; *Bhakti Yoga*, que es devoción al ideal y al amor de Dios; *Jnana Yoga*, cuya finalidad es el desarrollo del discernimiento, y *Raja Yoga*, que conduce a la profunda quietud y a la realización del ego.

Meditación budista

El bodhisattva Kannon, «el que escucha al mundo»

Se trata de una práctica dirigida a la liberación del hombre mediante la modificación de todos aquellos malos hábitos provocados por la ignorancia. Forman parte de esta tendencia el Zen, el Taoísmo, la Escuela Tibetana y la meditación Vipasana.

Escuela occidental

Meditación helenística

Está basada en los cultos mistéricos con ritos, purificaciones y técnicas estáticas orientadas a permitir una participación en el mundo de lo trascendente.

El dualismo entre cuerpo y espíritu está fuertemente presente. En esta, como en el resto de meditaciones occidentales, encontramos huellas relevantes de las técnicas orientales.

Meditación judaica

Su práctica, la vela y el deseo animado de profunda emoción tienden a conseguir que «el Espíritu de Dios que todo lo puede» penetre en el hombre para salvarlo.

La menorah, *el candelabro ritual hebraico (siglos* II-IV)

Meditación cristiana de Occidente

En su base se encuentra la oración a pesar de que, poco a poco, se puede pasar del éxtasis a formas de reflexión filosófica. Sin embargo, esta última siempre tiene presente la vía de la búsqueda interior.

Meditación musulmana

Es la adoptada en particular por el Sufismo. Su ideal es la separación del cuerpo de la mente y la comunión con Dios. Si bien su enseñanza es absolutamente secreta, es

La Meca, ciudad santa del Islam, en el centro del mundo y rodeada por los cuatro ríos celestes (siglo XI)

decir, que se realiza entre maestro y discípulo y se esconde tras un simbolismo realmente hermético, se saben algunas cosas sobre ella. Por ejemplo, se habla de un «silencio de la mente» durante el cual se puede oír afirmar «Yo soy Dios». Pero es difícil comprender si se trata de un hecho real o simbólico.

Cómo practicarla

El proceso consta de cinco momentos fundamentales: concentración, meditación, contemplación, iluminación e inspiración.

Practicando los primeros se consigue el cuarto y se adquiere el hábito necesario para vivir el quinto. Como hemos dicho, el resultado es el conocimiento de uno mismo y de la divinidad que vive en nosotros. Pero, antes de pasar a su análisis, veamos dónde, cuándo y cómo meditar.

El lugar

Hay que elegir una habitación o un rincón tranquilo de la vivienda, a ser posible que sea siempre el mismo. Si no se quiere adoptar la posición sentada en el suelo con las piernas cruzadas, se puede optar por un asiento cómodo, mejor si tiene la espalda recta.

Para hacer que el lugar resulte acogedor pueden ponerse flores, quemar incienso, encender una vela, colocar cuadros simbólicos, etc. Es importante que se desee «volver a meditar». Sólo después de una larga práctica puede practicarse en cualquier lugar y momento.

El tiempo

Las horas de la mañana, entre las cuatro y las ocho, son ideales, pero también son buenas las demás; eso sí, hay que evitar hacerlo después de las diez de la noche. Al principio, una sesión no suele durar más de quince minutos.

Se trata sólo de un cuarto de hora dedicado a uno mismo, a nuestro propio bienestar y a nuestra propia evolución.

La motivación

Antes de adoptar la posición descrita, hay que decirse a uno mismo, con convicción: «Ahora empiezo a meditar sobre... y dedico esta meditación al resultado de...» Repetir la afirmación favorece la concentración e impide divagar.

La posición

Adopte una posición cómoda, relajada, pero que le permita estar inmóvil: en el suelo, con las piernas cruzadas, en posición loto o semiloto; o bien, si está sentado en una silla mantenga las piernas con los pies bien apoyados en el suelo (posición del faraón). El busto deberá permanecer erecto —imagine la columna vertebral como si estuviera compuesta de monedas que deben mantenerse alineadas—. Las manos abandonadas en el regazo, la derecha encima de la izquierda. La cabeza ligeramente inclinada hacia adelante, con el mentón hacia el pecho, las mandíbulas relajadas y los ojos entrecerrados o cerrados. Ahora vamos a ver los cinco momentos del proceso meditativo.

La concentración

La propia palabra significa «reunir en un punto». Concentre la atención y la mente en un punto (un pequeño objeto, la llama de una vela), o bien concéntrese en el ritmo de su respiración o en el latido del corazón.

Lentamente, intente «absorber» su consciencia hacia el interior. Deberá «sentir» las sensaciones que penetran por las «cinco puertas de los sentidos». Entonces, intente llevarlas hacia el centro de la cabeza.

Empiece con pocos minutos y después, poco a poco, aumente el tiempo del ejercicio. Se puede practicar la concentración en cualquier momento, observando con mucha atención objetos de escaso interés. Se necesita paciencia, constancia y voluntad.

La meditación

Una vez alcanzada la concentración, aunque fuera por pocos segundos, es necesario poseer un fuerte convencimiento para querer alcanzar el objetivo de la meditación, tomando conciencia de que se está creando algo. Existen tres tipos de meditación: *reflexiva, receptiva* y *creativa*.

Puede «reflexionar» dirigiendo el ojo de la mente horizontalmente, hacia el objeto-pensamiento, «dialogando» con él sólo mediante palabras y sin visualizar las imágenes.

Puede «percibir» dirigiendo el ojo de la mente hacia arriba (verticalmente), predisponiéndose a recibir posibles señales particulares e insólitas, sólo percibibles si existe un silencio completo y un alejamiento material.

Puede «construir» una nueva forma o una idea revistiendo el objetivo de la meditación con imágenes y vivificándolo con la fuerza del deseo.

De todas formas, la meditación es una experiencia que, al menos al principio, requiere un instructor. Por analogía, puede pensarse en la natación y en la dificultad de explicar con palabras «cómo se nada». Por ello se aconseja acudir a un centro de iniciación a la meditación.

La contemplación

Es la actividad que consiste en la atenta observación superior que se alcanza al entrar en contacto con el ego y con el verdadero mundo invisible. Está precedida de un estado de silencio interior y de quietud profunda. Cuando se está en estado de contemplación se pierde el sentido de la dualidad: sujeto y objeto, se convierten en una única cosa.

La iluminación

Es la forma más elevada de visión interior determinada por la concentración, meditación y contemplación, las cuales se convierten en consciencia. Se percibe una luz distinta de todas las demás, se ve la belleza, se tiene consciencia del amor, uno está tocado por la alegría.

La inspiración

Se trata de la consecuencia de la iluminación, que refleja los contenidos del superconsciente y los hace descender a la consciencia personal. Una de sus consecuencias es el servicio inspirado, cuando se elige vivir la vida misma como un servicio, dedicando a ello todas las actividades de la persona.

Su eficacia

A menudo, los resultados más evidentes de la meditación, especialmente en la fase de la concentración, poseen componentes sorprendentes. Muchas personas toman consciencia de sí mismas de imprevisto, descubren capacidades escondidas, notan la realidad de la mente, entre otras posibilidades muy diversas. Se crea un estado casi eufórico de íntima felicidad debido a una concatenación de pensamientos agradables.

Sin embargo, poco después llega la primera prueba de forma más bien dura. Casi todo parece disolverse mientras se manifiesta un extraño sentimiento de aridez, de vacío, de penosa insatisfacción. Entonces es cuando la constancia y la voluntad se vuelven indispensables si se quiere superar este primer obstáculo. Sin embargo, son muchas las personas que prefieren abandonar y contentarse aduciendo la excusa de una postergación temporal.

En cambio, quien consigue resistir y continuar halla otro importante efecto: una eficacia mayor en la vida cotidiana. La naturaleza emotiva tiende a aplacarse, a dejar gobernar la mente. Además, poco a poco se consigue percibir una neta atracción por el encuentro cotidiano con la meditación.

Según la tradición oriental, tiene lugar otro interesante fenómeno. Normalmente, entre el intelecto, entendido como parte de la mente atribuida a la consciencia, y la intuición existe una escisión. Pues bien, la meditación permite construir puentes sobre esta escisión y así establecer un paso nuevo y fácil.

Además, en un primer momento se acentúan las sensaciones relativas a los «cinco sentidos», para después debilitarse a favor

del sexto sentido: la mente. Toda la consciencia tiende a concentrarse en la cabeza para dirigirse hacia arriba. En este momento, empiezan determinadas experiencias extremadamente individuales y difícilmente descriptibles con el lenguaje común.

Se puede apuntar la percepción de nubes de colores, de lámparas de luz viva, la presencia frontal de un ojo que nos observa, etcétera. A estas experiencias les siguen otras como el encuentro con el ego o con el alma, con el viejo sabio, con la voz del silencio, con la consciencia sobre la propia inmortalidad, con la alegría, con el amor y la sabiduría.

Incluso se pueden percibir sonidos insólitos y agradabilísimos de flautas, arpas, campanas y sabores de «ambrosía divina».

Pero... ¿meditar es tan difícil? Esta es la pregunta natural de la persona que ha conseguido llegar hasta aquí.

Pues bien, a la persona que durante la lectura se haya interesado, le revelaré una pequeña certeza: generalmente quien consigue dirigir la mirada más allá de los obstáculos y más allá de las dificultades del lenguaje, ha empezado a percibir la chispa del deseo. Y quien posee esta chispa la convierte en querer, transforma los obstáculos y las dificultades en ocasiones para poder, atreverse y callar.

Ahora ya tiene respuestas al «por qué meditar» y ya se encuentra en el camino.

www.ingramcontent.com/pod-product-compliance
Lightning Source LLC
Chambersburg PA
CBHW072351090426
42741CB00012B/3006